中国旅游发展年度报告书系
Annual Development Report of China's Tourism

中国饭店产业发展报告（2013—2014）
——品牌创设与业态拓展

Development Report of China's Hotel Industry (2013—2014)
——Brand Creation and Format Innovation

中国旅游研究院

北京·旅游教育出版社

《中国饭店产业发展报告(2013—2014)》编委会

主任委员 戴 斌 中国旅游研究院院长 教授

编　　委(按姓名音序排列)

保继刚　戴　斌　李天元　马　波　马耀峰　田　里
肖洪根　谢彦君　张凌云　郑向敏　周玲强

《中国饭店产业发展报告(2013—2014)》编写组

主　　编 杨宏浩 中国旅游研究院产业所副研究员
副 主 编 蒋艳霞 中国旅游研究院产业所助理研究员
成　　员 李仲广　杨彦锋　战冬梅　何琼峰　吴丽云　杨劲松
　　　　　 肖建勇　赵　磊　潘小其　王莺莺　王　剑　付钢业

序言：酒店投资正在进入理性调整的关键期

在过去的十年中，尽管发生了非典型肺炎（SARS）、国际金融危机、入境旅游市场下降等事件的冲击，但是受益于全球第二大经济体的形成、资本市场的完善，特别是大众旅游需求的稳定增长，中国饭店产业经历了前所未有的黄金发展期。在这个值得载入世界酒店发展史册的历史进程中，投资商、管理公司、设备与服务供应商、研发教育机构，以及法律、财务、工程咨询等专业机构，都为饭店产业的健康发展付出了不懈的努力，也获得了相应的回报。从2013年开始，饭店产业特别是高端业态的市场表现从繁荣的顶点向下回调，同时我们注意到，地方政府、房地产企业和境内外的战略投资者仍然保持对酒店的投资热情，而中端酒店、精品饭店、度假饭店等领域则明显带有发力成长的迹象。展望当前和今后一个时期的中国酒店投资，可以说正在进入理性调整的关键时期，并在为下一轮的产业发展孕育着新的能量和动力。

国民旅游是市场基本面持续向好的有力支撑。旅游总量仍有增长的空间，关注结构的变化，持续增长的民间需求将推动饭店业的常态化发展。

民间消费正在崛起，未来将形成民间、商务与公务三驾马车鼎立之势。任何时候，公务和商务旅游都是客观存在的，随着经济社会的发展，这块市场还会进一步扩大，但是政府公务消费规模在缩减，档次在下降，依靠政府消费支撑的奢华消费将有所萎缩。事实上，诸如春节期间三亚高达数千元一个间夜的市场本来就不是常态。考虑到酒店大客户群体的基础往往是国有企业的差旅消费、奖励旅游和会议消费，我们也要做好这部分市场预算稳中有降的心理准备。今后，民营企业特别是中小企业和国民旅游休闲消费将是酒店主导性的消费市场。

旅游消费的规模、结构及其变化。2013年，国内旅游的市场规模是32.6亿人次，2.65万亿元人民币；其中，城镇居民国内游客人均每次花费914.5元，农村居民国内旅游花费人均为491元，国内居民国内旅游人均每次旅游消费支出是767.9元，用于住宿的比重是14%。另外还有大约600亿人次乘坐飞机、火车、长途汽车和其他水上交通工具在城乡旅行,无论他们是观光、休闲或商务活动,还是探亲访友,都会有相应的住宿需求。同样不可忽视的还有本地休闲市场,酒店已经从早期封闭空间走入了老百姓的日常生活,人们会选择在酒店餐饮、研讨、聚会和举办婚礼。

我们有理由对中国旅游与旅行市场,也就是饭店业的市场基本面保持相对乐观的预期。尽管入境旅游市场下行压力不减,高星级饭店和高端餐饮企业景气值仍处于低位,但受宏观经济平稳运行,大众市场信心和企业家预期相对较高的影响,旅游消费保持了平稳较快的增长。在高端酒店景气下行的同时,中端酒店发力,基于互联网的旅行服务和住宿业创新活跃,旅游投资趋于理性。

从投资面看,我们既要关注多元主体的分散增量,也要关注存量创新与产业重组。政府直接投资正在减少,但是政府的力量仍然无处不在;产业投资在兴起,但是体量有限,对于未来的预期不明晰,更有不安全感,一部分资金开始往国外走。旅游开发或者城市综合体中的酒店项目,以新建为主,二三线城市是主力。鉴于多年来形成的投资惯性,转变发展方式尚需要一段时间。

伴随品牌创设而来的轻资产投资正在兴起。不同于传统业主对高端酒店的重资产投资,也不同于管理公司的品牌特许和受托管理,早期的如家、七天、汉庭、锦江之星,后来的维也纳、桔子、布丁,以及刚刚完成品牌研发,正在准备进入市场的丽枫、全季、亚朵等中端酒店项目,普遍采取了租赁、改造和直接经营的方式。这种轻资产的投资方式虽然单体的量不是很大,但是成百上千的投资计划还是会从根本上改变中国饭店产业格局。与此相关的还有既有酒店项目的定期改造与产品升级所带来的分散化投资,比如传统酒店对智能化和环境保护方面的专项投资,还有像7天优品、7天阳光等高端经济型饭店升级的定向投资,都是我们在研究中国酒店投资时必须关注的动态。

住宿业的外延不断拓展。远洋邮轮、豪华游轮、海上浮动岛、房车等新的融旅行、住宿为一体的新兴住宿业态正在进入我们的视野。以途家为代表的度假租赁业态的发展,也正在颠覆我们传统的对饭店业和住宿业概念的认知,特别是对酒店的统计和运营提出了挑战,但对于消费者而言却是福音,又多了一个不错的选择。

酒店的资本属性和金融属性日益凸显。在酒店结构性过剩背景下,酒店的交易渐趋活跃,有的酒店开始寻找买主,有的资本在寻找待出售的酒店,例如万达集团,在国内市场出售一些酒店资产,但同时在境外寻找收购标的。考虑到养老等寿险基金、信托基金、战略投资者的介入，不排除近期会有一个酒店并购的小高峰。酒店资产也正在寻求与证券、股票等金融市场的对接，例如海航酒店集团正在寻求通过借壳在港交所或 A 股上市，而信达资产和高盈资本也在中国市场寻求酒店资产证券化业务的投资机会。

以房地产企业和基金管理者为代表的投资主体多元化，品牌创设和产品创新的兴起，正在为中国酒店投资领域注入新的生力军，并带来生机和活力。产业链条的延展和业态的分化与融合，足以让我们对今后一个时期的酒店投资充满期待，并保持向上的信心。

相对于政府的宏观调控，需求、科技与文化创意对酒店投资的影响力正趋于增强。尽管银行早就对酒店等商业地产释放了限制贷款的信号，但是到目前为止，国家并没有出台限制酒店投资的产业政策，理性的、符合市场需求的酒店投资正在走到台前。

新的市场需求催生新的投资机会。国民大众的旅游需求和消费模式的变迁，不仅决定着酒店投资的方向、规模与结构，也对酒店投资的空间布局、业态选择和产品组合产生影响。虽然高端酒店总量过剩，但中国幅员如此辽阔，仍然会有新发展起来的区域有建设需求。例如，一二线城市甚至三线城市高端酒店的客房数量已经饱和，但随着国家新型城镇化建设的推进，新的城市圈正在形成和崛起，各类住宿业态需求也随之出现，住宿业投资特别是展示这个地区形象的高端酒店投资也就首当其冲，顺理成章。

出境旅游多年兴旺已经开始带动国内资本追随中国人在境外的足迹去投资酒店物业。2013 年我国出境旅游 9800 万人次，在海外消费达 1286 亿美元，增速分别达到 18% 和 26%。去年海航集团、开元旅业、君澜酒店集团等纷纷收购海外酒店物业，复星集团、万达集团以及重庆康德集团、四川兴力达集团等也瞄准了海外的酒店资产。而高速成长的中国出境旅游消费群体正是这一投资趋势的市场推动力。

技术在提升促销、预订、支付、运营效率的同时，也正在提升消费者的体验。互联网、移动互联网、大数据、智能化等技术不仅对销售渠道和支付手段带来巨大冲击，对酒店设计、运营管理以及消费体验都带来了颠覆性变化。过去是资本雇佣劳动，资本购买技术，在知识和技术主导变化的今天，也许劳动雇佣资本，资本为技术服务，技术为消费者和企业服务，技术创造独一无二体验的时代正在到来。

文化升华了酒店的内涵，也为消费者的体验提供了不可或缺的添加剂。年青一代的价值观正在成为主流,看着各类选秀节目成长起来的年轻旅游者更愿意为自己的核心消费需求付费,而不是为了那些华而不实的项目和带有表演性质的服务付费。无论是商务旅行,还是观光休闲,他们都愿意享受自主的生活方式。有调查表明,客人到店后更关注有没有免费的Wi-Fi,而不是有没有游泳池;更关注有没有可以和其他人——无论是旅行者还是当地人——自然交流的咖啡厅,也就是时尚的实体社交平台,而不是"高大上"的多功能厅。生活观念的影响如此强烈,以至于酒店投资者和品牌研发者越来越注意倾听来自时尚、文化和社会各个领域专业人士的意见与建议。

如今,基于本土市场需求和原创品牌的酒店投资,正为下一个十年的黄金发展期奠定更加坚实的市场基础,并将为全球饭店业带来真正的中国元素和中国风格。与过去相比,我们不仅要关注外国人到中国和中国人在境内的市场需求,还要关注中国人在境外的旅游需求所带来的投资机会,以及中国企业家在世界范围内的投资战略和品牌拓展。

中国旅游研究院院长、教授、博士生导师
2014.10.18

目 录
CONTENTS

第一章　转型与创新促进行业发展 ················· 1
　一、饭店产业发展环境改善 ····················· 2
　二、饭店产业发展尚有广阔空间 ··················· 6
　三、饭店产业积极拥抱新技术 ···················· 9
　四、饭店产业投融资模式多元化 ·················· 12
　五、饭店用品行业谋求发展创新 ·················· 16
　六、中国饭店"走出去"时机已到来 ················· 18

第二章　星级饭店转型求变 ···················· 21
　一、规模止步不前 ························· 22
　二、结构需优化 ·························· 24
　三、绩效明显下滑 ························· 27
　四、星级饭店创新 ························· 32
　五、存在问题与对策 ······················· 36
　六、经典案例：开元酒店集团 ··················· 43

第三章　经济型饭店探索健康发展路径 ·············· 47
　一、广受社会关注 ························· 48
　二、引领饭店行业发展 ······················ 49
　三、客观看待问题和争论 ····················· 54
　四、引导行业健康发展 ······················ 59
　五、经典案例：布丁酒店 ····················· 62

第四章　中端饭店加速品牌创设 ·················· 67

一、概念界定 ··· 68
　　二、发展背景 ··· 69
　　三、品牌创建与发展 ··· 70
　　四、发展创新 ··· 73
　　五、发展趋势 ··· 74
　　六、经典案例：维也纳酒店集团 ··· 78

第五章　奢华饭店引领产业升级 ··· 83
　　一、奢华饭店发展背景 ··· 84
　　二、主要品牌与规模 ··· 85
　　三、奢华饭店时空分布 ··· 89
　　四、与摩天大楼相伴而生 ··· 91
　　五、问题与对策 ··· 92
　　六、经典案例：柏联酒店集团 ··· 94

第六章　精品饭店倡导文化和个性 ··· 101
　　一、精品饭店的范畴 ··· 102
　　二、精品饭店的档次与规模 ··· 104
　　三、精品饭店的品牌发展 ··· 105
　　四、精品饭店的创新 ··· 113
　　五、发展趋势 ··· 115
　　六、经典案例 ··· 116

第七章　度假饭店聚焦休闲和体验 ··· 123
　　一、发展环境 ··· 124
　　二、主要品牌和最新成长 ··· 125
　　三、区域布局 ··· 132
　　四、发展创新 ··· 133
　　五、构建多元化度假接待体系 ··· 136
　　六、经典案例：Club Med（地中海俱乐部） ······································· 139

第一章
转型与创新促进行业发展

一、饭店产业发展环境改善

近年来，饭店产业的经济环境、政策环境、商业环境、技术环境都在不断改善，饭店产业亟须借机加快转型与创新，谋求更大发展。

（一）从投资驱动向消费驱动模式转型

从经济发展的大背景看，国家开始从投资驱动向消费驱动的经济模式转型。商品消费和服务消费，特别是服务消费将成为经济转型的主要驱动力。随着国民收入的增加和国民旅游休闲意识的增强，旅游已经成长为拉动消费的一支重要力量。现在，旅游活动已经成为城市居民日常生活中不可缺少的组成部分，对于农村居民来说也成为长见识、开眼界的最佳选择。虽然旅游统计数据可能会存在一定的误差，但国民旅游需求的持续增长是现实存在的。

旅游消费最近在国家层面受到重视。国家去年出台了《旅游法》，也发布了《国民旅游休闲纲要》，提出将逐步提升国民消费力、保障休闲时间和满足休闲意愿，创造国民有钱、有闲和有意愿去休闲度假的必要条件，利好休闲旅游和度假饭店的未来发展。为进一步落实《国民旅游休闲纲要》和《旅游法》，国务院还出台了《国务院关于促进旅游业改革发展的若干意见》（下简称《意见》）。《意见》提出，加快转变发展方式，推动旅游产品向观光、休闲、度假并重转变，满足多样化、多层次的旅游消费需求；推动旅游服务向优质服务转变，实现标准化和个性化服务的有机统一。国务院最近部署推进消费扩大和升级会议中，专门提出要升级旅游休闲消费，落实职工带薪休假制度，实施乡村旅游富民等工程，建设自驾车、房车营地。

（二）产业结构升级与消费观念升级

中国经济转型很重要的一方面是推进产业结构的调整和升级。在饭店业，产业结构升级需要与消费理念升级相匹配，消费理念升级包含两个方面：一是消费者的消费理念升级；二是企业和政府对消费的认识理念也要升级。

从消费端看，随着国民收入的增加，消费者的经济基础更坚实了，生活方式和消费理念发生了变化，在个人及其家庭的生命周期演进过程中，人们对旅游产品和住宿产品的服务品质诉求也在不断提升。从出境旅游人数和消费支出不断创出新高可以看出，中国旅游消费需求很旺盛，而国内旅游价格过高、产品过于单一、服务品质不高等一系列现实问题的存在，在一定程度上抑制了这部分人的国内旅游需求，因此，需求被导向了境外。

这就需要供给端创新思路和产品，为顾客提供物有所值甚至物超所值的服务。企业创新首先需要有发自内心的冲动和激情，其次是要创造价值。企业是否创造了价值，可从两个角度判断：第一，你为客户提供了新的产品和服务，也就是创造了新的需求；第二，你可以提供现有产品和服务，但是你的成本更低，从而价格更低，也就是说，为客户省钱了，你就为他们创造了价值。

（三）实施创新驱动发展战略

党的十八大提出国家要实施创新驱动发展战略，要以全球视野谋划和推动创新。具体到饭店行业，包括三个方面。

一是产品创新。从饭店的类型来说，度假饭店和精品饭店已受到重视。随着带薪休假制度逐步落实，休闲度假时代来临，度假饭店将成为焦点。文化强国战略将为饭店建设和管理注入文化内涵，承载民族文化、地域文化的精品饭店将大行其道，当然，兼具精品特色和度假功能的饭店更受人欢迎。例如，号称中国版悦榕庄的隐居酒店，定位为小型高端精品度假饭店，近来异军突起。但度假饭店和精品饭店并不意味着就是高端，中端饭店也能成为精品，例如最近引起关注的亚朵酒店，被视为中档人文精品饭店；中粮集团旗下的中档度假饭店凯莱仙人掌度假饭店也颇受欢迎。

二是跨界融合。早几年还是传统产业，很少有大资本关注的旅游业，这两年突然受到各界追捧，BAT（百度、阿里巴巴和腾讯）都竞相介入旅游业，加大了对旅游业的投资和改造力度，也加快了产业融合的速度。饭店业正在与餐饮业、邮轮业、免税业、在线旅游、金融，甚至在寻求与博彩等相关产业的融合发展。当前的一个发展趋势是饭店将成为旅游综合体内（包括度假饭店型、主题公园型、景点依托型和文化旅游小镇型）必不可少的配套设施，甚至会成为旅游综合体的主体。未来的竞争将是产业链对产业链的竞争，融合发展是必然选择。

三是酒店集团寻求转型。一方面,酒店集团从单一品牌向多品牌结构转型。中国酒店集团30强中,几乎都建立了品牌谱。这是一件好事,说明酒店集团注重市场细分与定位,但其中一些品牌只是摆设,定位并不清晰,个性也不明显。打个比方,目前一些品牌名字起好了,小孩还没出生,或者小孩有了,但分辨不出性别,如万达酒店品牌:瑞华、文华、嘉华。另一方面,从注重运营管理向关注资本运作转变。中国市场上沉淀了庞大的酒店资产,但鉴于交易非常不活跃,酒店资产的价值难以通过流动得以实现。目前中国饭店业已进入并购窗口期,一旦产权清晰化和定价机制建立,未来几年将是酒店并购的高发期。国家对于企业并购重组和企业走出去都发布了鼓励和支持政策,国内并购刚开始,最近一例就是锦江都城对时尚旅酒店的并购,正在进行的则是华住和如家酒店集团对亚朵酒店的争夺。而饭店业在境外的并购早已走在前面,近几年在国外已有数十起酒店并购案例,如锦江酒店集团和海航集团的海外收购。此外,酒店尝试与金融结合。国家正大力推进信贷资产证券化试点,饭店REITs将有望在深圳前海金改区和中国(上海)自贸区率先进行试点。目前开元酒店集团是曲线到香港上市,金茂酒店板块则以信托业务模式在香港上市。

(四)政策压力正转化为动力

在"倡导厉行节约,反对铺张浪费"的导向下,饭店企业纷纷寻求转型、升级和创新。其实,饭店业的转型升级早已势在必行,"八项规定""六条禁令"的颁布只是外在的促发因素,但为饭店企业进行变革创新创造了良好契机。

饭店行业本身存在变革创新的内在要求。饭店是一个传统行业,是一个劳动密集型的行业,目前总体是一个微利行业,绩效增长压力很大,利润集中度高,区域不平衡和档次结构不平衡较为显著。与经济增长速度和房地产价值增长相比,饭店估值随绩效波动性大,同时也面临增长乏力的困境。国内饭店集团与国际饭店集团相比仍然存在一定差距。饭店业面临的绩效和价值增长压力需要转化为创新发展的动力。饭店对政务市场的过度依赖束缚了企业创新能力。在市场化程度高的国家或地区,饭店对政府客源的依赖度是较低的,中国的饭店去政务化是一个趋势,迟早要发生的,并将释放出更大发展活力。

饭店业是现代服务业的组成部分,其资本密集度和技术应用程度越来越高。从传统向现代过渡必然要经历一个变革创新的过程,也将会是一个痛苦的过程。

在这个过程中，我们必须打破很多传统的思维方式、行为方式，积极响应国家创新驱动战略，不断地进行多方面、多层次的创新尝试，包括饭店业态创新、商业模式创新、体制机制创新、运营管理创新、产品创新、服务创新以及行业管理体制创新，等等。我们既需要根本性的创新、局部性的创新，也需要鼓励微创新，积小胜为大成。

随着人们外出旅行、旅游、度假和进行商务、政务等活动的愈加频繁，对饭店住宿的需求会更加旺盛。饭店业作为一个古老而现代的行业，国家倡导勤俭节约和转变作风的政策客观上对行业发展产生了一定的影响，但主观上并非打压。事实上，我们面对的更多是积极因素，饭店业的发展政策环境处于历史上的最好阶段。

国家提出建设小康社会的目标和发布《国民旅游休闲纲要》，将逐步提升国民消费力、保障休闲时间和满足休闲意愿，创造国民有钱、有闲和有意愿去休闲度假的必要条件，利好度假饭店的未来发展。协调推进城镇化已纳入国家顶层设计，国家将在继续发展3个国家级城市群和7个区域型城市群的基础上，再打造10个区域型城市群，这将大大拓展饭店发展空间。未来一段时间可以围绕已成熟的10个城市群做饭店存量优化，围绕10个新城市群做增量拓展。

国家金融、税收、法律等政策也有利于饭店业的改革创新。国家正大力推进信贷资产证券化试点，饭店REITs将有望在深圳前海金改区和中国（上海）自贸区率先进行试点；海南探索发展博彩业的呼声很高，饭店、游轮等与免税店、博彩的结合未来有望在海南优先开放；国家对于企业走出去和并购重组都发出了鼓励和支持的信号，饭店集团完全可以在这方面有更大作为；银联刷卡手续费率降低对饭店企业而言相当于减税，低碳环保补贴可有效降低饭店的建设和运营成本，宽带中国等政策将加快推进饭店信息化建设和进一步提升饭店运营效率。文化强国战略将为饭店建设和管理注入文化灵魂，并促进中国饭店"中国服务"模式的实现。《旅游法》的推出，将有助于推动饭店业的诚信建设和促进行业发展更加规范，加强对消费者权益保护，为分时度假模式在中国的发展创造了条件。

总之，饭店行业发展的政策环境正逐步趋好，我们应该以更加积极的心态面对行业未来的发展。

二、饭店产业发展尚有广阔空间

（一）饭店发展尚处于初级阶段

中国饭店业目前处于一个什么发展阶段？我们的判断是中国饭店业尚处于初级阶段，形象一点就是处于成长过程中的青春期。青春期的特点有很多，这里列举三个。

一是规模快速增长。根据国家统计局对规模以上住宿业投资的统计，2007年到2011年的5年时间内，住宿业投资平均增速高达33.5%。2011年住宿业投资规模达到了2900亿元，其中新建项目投资占比高达76.5%。从每年新开工项目数量看，近年来也高居不下，2009到2011年每年新开工饭店项目都在3000个以上。相比欧美饭店规模的微弱增长，中国饭店规模增长势头可以说是非常强劲的。虽然近两年增速有所放缓，但比较而言仍处于高速增长期。

二是业态发育处于初级阶段。多年来，星级划分是人们对酒店分类的普遍认识，后来出现了豪华饭店、经济型饭店，以及最近开始受到关注的中端饭店，这些都是对饭店业态的一种纵向认识。近年来，饭店业态不断创新，新的业态不断涌现。从商务饭店到度假饭店、主题饭店、精品饭店、公寓式酒店，再到设计师饭店、生活方式饭店，以及目前渐热的健康养生养老饭店等，都是饭店业态的一种横向拓展。由此也诞生了一批具有一定代表性、创新性的连锁饭店集团。从风险资金对饭店业的介入轨迹看，经历了对如家、7天、汉庭等经济型饭店的投资，到对维也纳、桔子、时尚旅等中端饭店的投资，再到布丁、99旅馆连锁等更为细分的经济型饭店，以及地中海俱乐部等度假饭店的投资以及途家网等度假租赁业态的投资。最近，风险资金开始对精品饭店表现出浓厚的兴趣。风险资金看好的行业或业态基本上是处于发展先导期，预示了行业的未来发展方向。

三是面临很多成长中的烦恼。伴随着四万亿的经济刺激，高端饭店的投资近年来也是持续发烧，随着"八项规定""六条禁令"以及禁建楼堂馆所等政策的严厉执行，给这一发展势头浇了一盆冷水，高端饭店的投资热逐渐冷却，目前正处在从非理性发展向理性发展的转变过程中。中低端饭店近年来也是麻烦不断，出现了毛巾门、pH值、空气质量门等一系列成长中的烦恼——青春期"小痘痘"。高端饭店的高速成长带来的另一个负面产物就是饭店的结构性不均衡，包括档次结构、区域结构及存量资产与新建饭店比例结构等问题。

当然，中国饭店业虽然尚处在青春期，发展中遇到了一些困难，但长远看这些困难都是暂时的。乐观一点看，行业暂时不景气正好为行业转型升级提供了难得的机遇。在当前阶段，我们并不鼓励盲目大规模兴建饭店，饭店业主要应通过档次结构优化、区域结构优化和存量资产优化来解决饭店业快速发展中的一系列不均衡问题。

除了对行业未来发展抱有必胜信念，我们希望饭店行业在不断创新中趋向成熟，尤其希望看到国内饭店集团能创建一批具有国际影响力的饭店品牌。梳理一下国内饭店集团品牌谱，我们发现稍微具有一定规模的饭店集团都在实施多品牌战略。部分饭店集团品牌已经覆盖了高中低甚至更为细分的领域，品牌数量多达5到6个。但是，消费者耳熟能详、形象鲜明、识别度高、具有国际影响力的饭店品牌还很少。有时候我们似乎在玩品牌游戏，一次性推出若干个品牌。显然，打造一个新品牌并不是说创造一个概念和起一个名字这么简单，不仅需要一整套体系来支撑，还需要多年的精心培育，需要脚踏实地一步步做出来。

很多饭店人心中始终抹不去的情怀，就是希望能形成饭店业的"中国服务"，借此区别于甚至超越国际饭店集团。饭店业的"中国服务"，就是融入中国文化元素和服务理念的一套具有中国特色的服务体系，这也是区别于国际饭店集团的核心竞争力。目前，国际饭店集团已经开始关注中国游客，众多集团推出了专门针对中国客人的服务项目，如希尔顿的"欢迎"计划、凯悦的"您好"计划、万豪的"礼遇"计划等，洲际集团和雅高集团更是分别推出了专门针对中国市场的"华邑""美爵"品牌。国内饭店集团打造"中国服务"显然具有天然优势，他们更加理解中国的传统文化和现代文化，更加了解中国消费者的偏好，具备推出更加适合中国消费者的产品和服务的能力。但是，由于多年来我们主要关注的是如何为入境游客提供优质服务，而忽视了国内游客这一最具潜力、最具规模的市场群体。目前可能正是千载难逢的时机。"中国服务"首先一定要"服务中国"，只有让中国人接受，才可能让外国人接受，才可能走向世界。

中国饭店业正值青春，可以有很多梦想，但需要我们不断坚持，脚踏实地去实现。

（二）饭店业市场化改革有提升空间

饭店业在中国引领改革之先，市场化程度也较高。党的十八届三中全会提出要让市场在资源配置中起决定性作用，我们在这里对饭店投资、运营、公司治理等领域做一简略扫描，审视饭店业的市场化还有哪些地方具有提升空间。

饭店的投资决策还不是市场说了算。饭店建设决策有以下几种情况：一是应政府的要求而建，因为区域规划中要求某区域某地块必须建设一到多座高星级饭店，其实这往往只是地方长官或规划专家的个人意向。二是冲着政府的奖励而建，因为很多地方政府对建设高星级饭店实行奖励政策，甚至一些地方对建一座五星级饭店的奖励达到千万级别。三是为了拿地而建，因为开发商不承诺建设高星级饭店就拿不到地。四是为了房子好卖好租而建，不管是住宅还是商业地产，高星级饭店往往只是为了提升地产的价值。当然，也有不少饭店本身就是政府建的。总之，是否建饭店，建什么样的饭店，首先是政府说了算，即使有时候是开发商说了算，但两种情况下决策都不是由市场说了算。

饭店市场定位重心过于向政务市场倾斜。一来饭店建设是在政府干预下建起来的，二来政府、事业单位、国企等开支大方，因此三星级以上的饭店大多视政务消费为最重要的业务。随着"八项规定""六条禁令"的颁布，饭店企业在经历阵痛后，已开始研究市场，重新定位，去政务化步伐加快。未来，饭店建设应以是否符合市场需求为基准点，饭店服务和产品创新应以消费者是否需要和满意为试金石。

饭店运营管理体制行政化色彩需彻底褪去。国有饭店负责人的行政化任命，国有饭店成为某些领导的办公场所、私人会客厅或宴会厅，国有饭店集团的捆绑式整合，都能看到行政力量和资源在背后的支持，但也因其不符合市场化运营的规则而阻碍了企业的高效运营。经营权和所有权分离是市场化的重要一步，但对于饭店管理公司和品牌选择不实事求是，一味求洋，到求高求洋，都是非市场化的行为。为实现饭店专业化管理，引入职业经理人制度，符合市场规则，但在职业经理人团队的激励机制上，收入的市场化价格机制尚未完全形成。鉴于人力资源紧缺和为提高用工效率，饭店采用服务外包和用工市场化、社会化尚受到新劳动法等政策法规的制约。

国有饭店资本配置体制亟须改革。国有饭店缺乏内部的产权约束，外部市场约束也较弱，其主要受上级政府的约束。相对于民营企业而言，金融资源配置天平是向国有企业倾斜的，这既不符合市场化要求，也是不公平的。作为一个完全竞争性的行业，最终应实现国企民营化。对于中小国有饭店，可以通过整体出售的方式，快速民营化；对于大型国有饭店集团，可以通过混合所有制的方式来实施渐进式民营化。在民营化的过程中，应以民企为主的混合所有制，即民营企业占控制权进行改制。当然，改制前必须做好产权清晰、资产评估、团队稳定、职工安置等工作。国企的退出不仅是产权民间化，更应实现公司治理从行政化向商业化的转型。

饭店行业的行政管理体制需进一步理顺。目前，国家旅游局饭店管理处主要对星级饭店和内河游船进行管理，商务部服务贸易和商贸服务业司对住宿业、餐饮业实施行业管理，两个机构管理职能存在重叠，需要对管理机构进行调整与整合。国家旅游局已实行审批权下放，将星级饭店评定职能转交到中国旅游饭店业协会，国家旅游局的职责未来主要是引导产业发展方向，提升服务质量和规范市场秩序。但行业协会本身的管理体制和用人机制都需要进一步市场化，才能适应行业发展的需要。

饭店业当前存在的市场化问题，也正是下一步需要努力改革的方向。只有真正发挥市场在资源配置中的决定性作用，饭店业长期留下来的症结才能消除，资源配置效率才能提高，企业活力才能真正得到释放。

三、饭店产业积极拥抱新技术

（一）饭店业智能化时代开启

当人们还在探讨饭店业的信息化、数字化的话题时，饭店业的智能化时代已悄然来临，智能化技术已覆盖到饭店业的方方面面。

在饭店营销方面，新的展示技术使得旅游者对饭店的感知更加身临其境，现场感、掌控感和交互感不断增强。目前，展示饭店的手段已从360度全景和街景技术结合的三维展示迅速向基于三维地理信息系统的可视化技术发展。在三维数字旅游地图上，旅游者可多视角考察饭店外部环境、建筑，也可以走进饭店考察内部装修和功能配置，可以获悉饭店客房朝向和一天不同时段照进房间的阳光和温度。网络机器人也可为游客解答有关饭店和周边旅游服务的各种问题。现在的3G技术已经能够支撑这些应用在手机上较为流畅、迅捷地完成。

在饭店预订阶段，通过三维地理信息系统的可视化技术，旅游者根据获取的信息，可以直接选择饭店客房并预订，也可以对房间特定时段的温度和设备进行预设和调节；如果没有提前预订房间，在到达某一城市后，借助智能手机或谷歌眼镜等终端，也能方便地进行目的饭店预订、支付和实景导航等功能，也可以让饭店网络机器人帮助安排交通、餐饮、购物等各项服务。

饭店入住变得更为简捷智能。机器人可以负责帮客人放好行李箱。借助于互联网、二维码和蓝牙等技术，扫描二维码或感知手机虚拟钥匙，可以进行check in、打开房门和对在饭店期间的消费进行结算和支付。如果是在前台订房间，通过智能化交互展示，饭店前台人员和客人能同时看到客房状态，客人还可直接进入三维可视化的房间查看房间功能和朝向等，从而可做出更好的选择。

在饭店体验期间，客房的智能化控制技术能够让客人通过智能手机、iPad、智能手表、谷歌眼镜等个人终端或饭店的iPad、智能电视等设备实现自我管理和控制生活与娱乐需求。通过智能终端，客人可便捷地控制窗帘、空调、沐浴、影音游戏等设备，调节客房灯光、声音、温度、湿度等各项指标，大大提高操作的自由度和舒适度，甚至房间的电子壁画都可根据客人需求进行变换；体温传感器可让饭店员工知悉客人是否在房间，不再打扰客人的休息；而基于红外跟踪系统的室内模拟高尔夫系统，可让客人足不出户就可体验到身临球场的感受。

大数据的应用让饭店轻松实现"私人定制"服务。一方面，客房智能控制技术，可以随时记录和收集消费者使用习惯、消费偏好；另一方面，消费者体验饭店产品后主动在互联网上发表感受和进行评价，饭店可抓取网络数据，对客人的评价和建议进行语义分析。应用大数据可获悉酒店消费者的需求和偏好，挖掘和洞察消费者行为，改进和创新产品，甚至进行私人定制，从而提升服务品质，并可实现精准营销。

饭店智能化技术还可广泛应用于饭店日常管理、教育培训、节能环保、应急安全管理等多个方面，全面提升饭店服务品质和运营效率。智能化并非高端酒店的专利，微智酒店完全可以凭借其优化服务流程，控制运营成本，让客人获得极高的性价比。

饭店智能化技术的广泛应用使得客人的住宿体验更加完美，也已成为饭店业获得新竞争优势的重要工具，积极拥抱智能化是饭店的必然选择。饭店智能化时代已经开启，10年前还处于幻想中的图景已经成为现实，未来饭店的智能化发展将更加精彩。

（二）互联网正在改变饭店商业模式

互联网正从多方面改变着饭店行业，营销模式、运营管理以及商业模式都在发生着颠覆性的变化。

互联网对饭店业的改造首先是营销手段和营销渠道，其经历了一个去中介化、再中介化和再去中介化的过程。应用互联网，饭店建立起了自己的官网，在促销和销售方面减少了对旅行社的依赖，但随之而来的是对各类 OTA 的更大依赖。从传统互联网，到移动互联网，再到家庭互联网，工具不断更新，但 OTA 无所不在。饭店试图用官网、微博、微信，未来还可能会用微话、微视等来增强与顾客的直接沟通，但个体的力量太有限，于是出现了一些蜘蛛侠类的"仗义企业"，他们试图以各种模式帮助酒店绕开 OTA，如快捷酒店管家的免佣金模式，为酒店提供定制 APP 的 LoungeUp，让酒店轻松创建自己的手机应用，直接建立、维系自己的客户群。互联网对酒店的展现手段越来越直观、真实，街景技术、360 度全景技术以及 3D GIS 可视化技术等技术已开始应用于饭店展示和预订。

互联网正在改造饭店的运营管理模式。互联网使得饭店和饭店集团内部管理更为扁平化，E－Learning、互联网游戏、三维虚拟技术正应用于饭店培训，而更大的改变在于，互联网让饭店真正开始关注顾客的需求，并为之而改变自身。客人在线选房，在线办理入住手续，手机钥匙开启房门，用智能终端控制房态和提交服务需求都已成为现实，这要求饭店进行服务设备和流程重造。饭店能获悉和保存客人在线的每一个动作和行为所留下的痕迹。多数酒店客人已习惯于线下体验，线上分享，这又成为酒店获悉客人感受的另一个重要途径。对客人无意留下的行为痕迹和有意留下的信息反馈，成为饭店洞悉消费者需求和偏好、改进服务品质和创新设计产品的宝贵信息。特别是客人的线上体验分享，不仅成为监督饭店服务质量、改进服务品质、创新服务产品的工具，更应成为饭店品牌宣传推广的最佳工具。饭店应把每个客人视为自媒体，客人可以运用互联网免费告知其他人有关饭店品质、品牌等相关信息。

互联网正塑造新的饭店商业模式。目前互联网最流行的是实体经济跟虚拟经济融合，即 O2O 模式，其实这种模式几年前已在饭店业得到应用。途家网就是一家较为典型的 O2O 模式的企业。途家网等度假租赁企业通过互联网平台将成千上万分散在各处的物业聚集起来提供预订服务。中国诚信体系尚不完善，在中国发展度假租赁业不能一味照搬 HomeAway 等国外模式，于是途家网通过本地化改造，将途家网定义为O2O+B2C模式，同时进军线上与线下部分。在线下，进行托管或做管家。以托管为例，当业主与途家网签订托管协议后，途家网会对房子进行统一布草装修，对房屋进行专业、定期的保养，为客人提供接机、餐饮、家政等各类专业服务。途家模式颠覆了传统酒店概念，也颠覆了传统酒店管理公司概念，一旦其具备足够规模和影响力，建立起强大的消费者信用，有可能嬗变为"分时度假"模式的入口，建立起分时度假交换系统，但在这个转变过程中还会有一些障碍需要清除。一些大型OTA已经预感到仅仅提供线上服务已经威胁到企业未来的发展，于是携程网等企业已开始布局目的地，如为客人到达饭店提供接送服务和目的地景区门票等服务，甚至开始收购、参股饭店、景区、邮轮等。

进一步我们是否可以设想以饭店为核心来打造O2O模式？饭店除了提供住宿、娱乐、会议等功能外，其实还可以是商品展示和体验的最佳载体。客房的布草、浴室用具用品、办公用品、工艺品、电子产品、电视、冰箱等，饭店精品店销售的商品，SPA场所的用品等，都可能成为顾客感兴趣的商品。酒店其实一直在充当线下宣传展示和消费体验的场所，如果通过顾客的智能手机、饭店的智能电视、iPad等智能终端将顾客导入到一个平台网络上，则可以构建一个新的电商入口。简而言之，把饭店作为商品展示和体验的空间，而下单则主要在互联网上，进一步把全国上千家饭店连接起来，一个新的互联网电商入口雏形可能就形成了。

四、饭店产业投融资模式多元化

（一）饭店并购热情开始高涨

在整个饭店行业经营数据下滑的背景下，饭店行业的并购投资热情开始高涨。国内饭店集团和大型企业集团已经开始通过兼并收购等手段在全国以及世界范围内进行市场布局。

1. 并购渗透各业态

经济型饭店并购仍如火如荼。由于国内经济型饭店市场长期由以华住集团的七天、铂涛集团的汉庭，以及如家等为代表的知名经济型饭店品牌占据主导地位，小型经济型饭店集团难以形成规模优势，其最终归宿就是被大型饭店集团收编。2013年9月，华住酒店集团以425万元完成对杭州怡莱连锁酒店有限公司100%股权的收购。2014年5月，如家酒店集团以2.3亿元收购云上四季酒店管理有限公司100%股权。如家酒店集团成功收购云上四季酒店不仅是集团品牌拓展能力的展示，更是品牌整合能力的体现，可以进一步提升云上四季在西南市场的表现。2014年6月，为了提高企业在京津冀地区以及南方区域的市场份额，提高企业的品牌影响力，北京欣燕都酒店以2548万元的价格收购雅客怡家快捷酒店管理有限公司65%的股份。2014年7月，南京布丁酒店管理有限公司以1171万元的价格成功获得金陵饭店股份有限公司全资子公司南京金一村连锁酒店有限公司100%股权。

中端饭店并购被看好。2011年北京旅游旗下基金3亿元收购时尚之旅酒店，2013年锦江股份再以7.1亿元现金收购时尚之旅酒店管理有限公司100%股权，时尚之旅酒店被并入锦江都城旗下。2014年锦江股份引入战略投资者弘毅投资。弘毅投资以15亿元入股锦江股份，占锦江股份总股本的12.43%，交易完成后，弘毅投资将成为锦江股份第二大股东。弘毅投资方面表示，参与此次投资是因为比较看好锦江的品牌和锦江股份的有限服务型饭店业务。弘毅投资的入股对锦江股份来说，不仅可以加速饭店扩张，而且是锦江酒店实现国企改革的最重要一步。由此可见，定位于中档市场的有限服务型饭店被资本市场看好。

精品饭店并购开始预热。随着中国散客化市场的迅速崛起，以及消费需求的不断升级，追求个性化、特色化、多样化成为未来市场的消费趋势；同时在高端饭店数量供给过剩的情况下，注重饭店设计及用户入住体验的精品饭店将会迎来消费市场的青睐，因此，精品特色饭店也将会引发饭店市场投资的新热潮。2014年7月，华住集团斥资几千万战略投资景域集团旗下精品度假饭店品牌帐篷客；2014年2月上海凯诗帝饭店管理公司在一个月的时间内成功收购了两家精品饭店，分别是上海雅悦酒店以及上海JIA精品饭店。上海JIA精品饭店是一幢20世纪30年代风情的经典建筑，酒店设计意在营造一种"家"的感觉；上海雅悦酒店的设计融入了中国文化，渴望带给游客独特的都市体验。凯诗帝饭店管理公司之所以对这两家饭店情有独钟更是看中了其饭店的独特设计。

从投融资主体来看，房地产商表现出了极大热情，尤其是在国际市场上表现出了较大的动作，如万达、恒大、碧桂园等都积极在海外开拓饭店业务。2014年，万达海外投资金额已超200亿元，今年万达在海外先后拿下马德里、芝加哥、洛杉矶、澳大利亚四处项目，并拟直接投资饭店项目。万达集团加速国外市场的发展步伐一方面体现了企业自身的强大实力，另一方面则是看到了中国出境消费市场的巨大商机。

2. 酒店集团并购旗下饭店管理公司

饭店集团从重资产向轻资产转型。"轻资产""重品牌"是国际饭店集团的经营模式，也是国内饭店集团正在追求的方向。以"轻资产""重品牌"输出的管理模式将会是未来饭店投资发展的新方向。从实践运作来看，饭店管理公司"轻资产"输出既不存在饭店"重资产"投资风险，又能够主动掌控自有品牌运营标准与质量，具有更稳定的收益保障，同时也能通过饭店品牌输出提升品牌知名度、影响力与竞争力，实现饭店管理业务的稳健发展。2014年6月，东方宾馆以超过6000万元价格购买控股股东岭南集团的全资子公司岭南国际酒店管理有限公司100%股权，本次转让已获广东省国有资产监督管理委员会批准。东方宾馆表示，收购岭南公司，在解决同业竞争的同时，可以帮助公司实现从单体酒店投资经营模式向酒店品牌运营管理模式的转型升级。此外，还有金陵酒店集团收购金陵酒店管理有限公司，首旅集团并购首旅建国。随着中国酒店市场的不断成熟，"轻资产""重品牌"输出的委托管理模式将会是未来饭店业发展的主要方向。

3. 饭店业试水混合所有制

今年《政府工作报告》提出要"加快发展混合所有制经济"。国企民企融合成为新一轮国资国企改革重头戏，饭店业也加入了这一改革潮流。首旅酒店目前拥有首旅建国酒店管理有限公司、北京首旅京伦酒店管理有限公司和北京欣燕都酒店连锁有限公司，三家酒店管理公司分别承担高端、中端和经济型饭店品牌运营管理。首旅酒店通过并购区域品牌开始在全国范围内进行战略布局，在中端饭店和经济型饭店同时发力。北京首旅酒店旗下的全资子公司北京欣燕都酒店连锁有限公司以2548万元，通过增资和股权收购方式获得河北石家庄雅客怡家快捷酒店管理公司65%股权；2014年6月，首旅酒店以2.8亿元现金成功获得南苑股份的70%股权。首旅酒店付出3亿多元资金收购的这两家民营饭店，一方面是扩张市场，进入新的市场范围，有利于增强自身区域竞争力；另一方面，进一步完善了自身的品牌体系，加速实现"品牌+资本"的战略规划，同时，与民营经济型饭店合作，也符合混合所有制发展大潮，有利于饭店经营效率的提升。

4. 饭店集团的海外并购

随着中国市场日趋成熟，经济增长放缓，以及中国出境游消费市场的迅速崛起，很多国内饭店集团开始向国外市场拓展。为加速国际化进程，海航集团以11.19亿元人民币的价格，从意大利联合保罗银行手中收购3056万股欧洲排名第三位的商务连锁酒店NH酒店股份，交易完成后，海航在NH的持股比例提高到29.9%。商业地产公司开始向饭店领域发展，不断投资海外饭店。万达集团作为中国最大的商业地产公司之一，近年来开始不断拓展文化和旅游领域的投资：2014年6月万达确定收购位于西班牙马德里的地标建筑——西班牙大厦，计划重新发展为拥有200间客房的豪华饭店；2014年8月，万达在澳大利亚完成对黄金海岸市珠宝三塔项目的并购，成为万达在海外布局的第五个五星级饭店。

其他行业也开始介入海外饭店并购。开源控股有限公司于2014年6月以3.45亿欧元总价收购法国巴黎香榭丽舍万豪饭店及管理公司。收购完成后，开源控股将成立一家新公司，新公司将主要负责香榭丽舍万豪饭店的运营业务。2014年8月，激成投资向独立第三方收购美国纽约市曼克顿酒店，收购事项完成后，激成投资计划继续以Sofitel品牌经营饭店物业。2014年6月，富华国际集团顺利完成对墨尔本地标建筑柏悦酒店的收购，交易包括柏悦酒店240间客房以及毗邻的停车场。

从上述几起境外并购事件来看，海外并购已成为大型企业国际化发展的必由之路。目前中国饭店行业参与国际化竞争的自信心已经基本建立，但是面临的诸多难题，如缺乏战略安排、人才短缺和企业文化冲突等，将成为制约我国旅游企业对外投资的主要瓶颈。

（二）饭店尝试与新金融手段结合

酒店信托基金（REITs）对饭店资产处置的过程，实际上是一种资产证券化的过程，即将饭店资产从不动产转变成为可以流动的证券资产。作为一种金融创新，饭店REITs对饭店行业发展作用巨大。国家正大力推进信贷资产证券化试点，饭店REITs将有望在深圳前海金改区和中国（上海）自贸区率先进行试点。目前开元酒店集团已通过REITs模式曲线到香港上市，金茂酒店板块今年也以信托业务模式（BT）在香港上市。中国金融改革正在向纵深发展，相信不远的将来饭店REITs一定会在中国开花结果。

分时度假模式是中国很早从国外引进但一直未能成功的商业模式。分时度假在国内发展是一个系统工程：

（1）需求。消费者需求是客观存在的，但需要对消费者进行宣传和教育。分时度假产品是一个度假产品，而不应该是一个投资产品。

（2）供给。由房地产主导的供给是分散的，且其初衷是为了卖房子，这个领域需要大的酒店集团介入进行运营管理。

（3）交换平台。值得消费者信赖的交换平台尚未建立起来，这需要有信誉保证的大集团介入。

（4）法规。政府需要制定相应的法规，保护消费者的权益，对违规企业进行惩处。

《旅游法》的推出，将促进饭店业诚信建设和行业更加规范，加强对消费者权益保护，为分时度假模式在中国的发展创造条件。

在众筹模式兴起后，饭店行业也开始尝试将分时度假交换系统与众筹金融模式相结合的发展路径。如蓬达集团，提出以蓬达CPE酒店交换平台的易通为依托，以消费转化资本为工具，使广大的酒店消费者在入住饭店的同时，获得饭店的股权，成为饭店的股东，从此以后免费住饭店，成为众筹创业者。蓬达集团已经在上海丽君酒店实施这一模式，未来计划在全国范围内拓展。

五、饭店用品行业谋求发展创新

饭店用品行业需要在转型中谋发展。高端酒店重新定位市场，寻找新的客户群和创新饭店产品，在谋求转型过程中对饭店用品产生了新的需求。

据初步估算，全国饭店用品的年采购总量不低于200亿元。饭店用品市场的龙头企业之一——恒安兴，年产值5亿元，市场占有率不到3%，而美国饭店用品供应商Guest Supply年产值达到40亿美元。饭店用品行业市场集中度低，占有率不大，创新成为占领市场的制胜法宝。

饭店用品行业创新体现在以下几个方面：

第一，提供更多具有创意的饭店用品。饭店用品行业需要持续创新设计，引领时尚。饭店用品在创意设计上，既要围绕客人的核心需求，提供满足客人的关键功能性体验，也要挖掘和融入地方文化、民族文化、传统文化、时尚文化、现代文化等文化创意元素，甚至就地取材，打造出融合现代、时尚和传统文化元素的饭店用品。如法门寺酒店主要展示佛教文化，曲阜东方儒家展示的是以孔子为代表的儒家文化。

多数饭店已经开始尝试对饭店用品进行创意设计，如威斯汀酒店的"天梦之床"，喜来登酒店的"甜梦之床"，维也纳酒店的"圆梦之床"，希尔顿酒店专门设计的"水龙拖鞋"，既有文化创意，本身又是营销载体。

在饭店用品文化创意方面，可以借鉴其他国家的成功经验，如日本虹西诺雅温泉度假饭店的床是改良过的榻榻米，客人在酒店穿和服和木屐。京都酒店每间客房内放一盆对空气质量非常敏感的苔藓植物，空气清新的时候植物是绿色的，空气不好就变黄变黑，既是装饰，又是检验空气质量的工具。

此外，在饭店用品的创意方面，可充分利用民间的创造力，如设立网上饭店用品创意社区，对于用户提出的创意设计，如果饭店采纳的实行奖励。而消费者通过网络参与设计的饭店用品，饭店则可生产消费者定制产品。企业还可利用大数据，研究消费者偏好，研发饭店创意产品。

第二，拓展新的饭店用品市场。在新的市场拓展方面，大量出现的中端精品饭店、主题饭店、设计师饭店、生活方式饭店、度假饭店等，为具有文化创意特色的饭店用品提供了用武之地。中端饭店作为有限服务饭店，其客房配置，特别是床上用品的配置，甚至可以与五星级饭店媲美。

随着国家新型城镇化的推进，国家将重点建设 20 个城市群。其中 10 个比较成熟的城市群，饭店业可以关注其郊区和新区所带来的机会；其他十个新兴城市群，可重点关注其核心城市和重点城市的机会。不要忘了，饭店就是游客旅途中的家，饭店用品绝大多数也可以转化为家居用品，进入这个领域，就打开了一扇新的窗户，因此，开发好家用市场，饭店用品的发展空间将是巨大的。

第三，创新饭店用品营销模式。有了好的产品，也发现了目标销售对象，如何让饭店客户和消费者来购买好的产品，就需要别出心裁的营销模式。恒安兴提出了"把奢华饭店的感觉带回家"的理念，并提出了饭店用品销售的 O2O 模式，即线下展示和体验，结合线上销售的模式，具有创新性。一方面，恒安兴通过打造酒店文化产业园区，建设高端饭店用品体验中心，提供客户 365 天 360 度全方位展示和体验；另一方面，恒安兴和饭店合作，在酒店的客房放置具有纪念意义的宣传品或纪念品，鼓励客人扫描二维码进入网上商店选购产品。这种把饭店当作销售对象又视为展示和体验店的思维模式，是一种全新的 O2O 模式。

自称为"睡眠领域新兴公司"的Casper公司将互联网思维引入床垫设计中，其创意受到顾客的追捧。对于饭店用品的网络展销方式，除了平面展示、文字描述等，还可以考虑采用三维可视化地理信息系统的技术，把饭店文化用品体验中心、饭店或客房搬到网上、手机上，让用户不到实地也能较为充分地感受到产品的特色，大幅度提高产品的接触面，增加销售量。

第四，培养具有创新思维的饭店用品人才。饭店用品设计创新以及提供饭店用品整体解决方案，需要各类人才，包括设计人才、营销人才、IT人才、企业运营管理人才等，特别对综合性人才的需求更为迫切。这除了需要企业自己培养外，也可考虑跨界合作培养，还可签约一些文学家、历史学家、画家甚至数学家等各类人才为己所用。

第五，积极参与国家饭店用品标准的制定。例如饭店纺织品标准，德国的酒店纺织品标准已经制定并实施60多年了。参与国家标准的制定，在一定程度上可提升行业影响力和话语权，同时对整个行业的发展也会有促进作用，而且这本身也是一种思维碰撞、智慧共享，可能会激发更多的创新思维。

希望中国未来能够涌现出更多受饭店和客人欢迎的创意饭店用品，不仅能够驰骋于国内市场，而且能够走出国门，走向世界。

六、中国饭店"走出去"时机已到来

2013年3月27日，海航集团竞购NH饭店集团20%股权一事历经两年最终获得了NH饭店集团董事会的正式批准。2013年4月3日，开元旅业集团宣布以1050万欧元成功收购位于德国奥芬巴赫市的金郁金香饭店。这两起境外收购事件令业内人士精神振奋。

从这两起成功收购事件来看，两家企业雄心勃勃，都瞄准了世界知名饭店集团或其管理的饭店，希望借助收购助力企业的国际化发展。NH饭店集团为欧洲第三大饭店管理集团，在马德里、阿姆斯特丹和纽约三地上市，旗下酒店分布在全球26个国家和地区。海航集团希望充分利用NH饭店集团在世界市场的饭店网络，与海航现有优势资源进行互动协作，优化资源配置，促进管理融合，培养管理团队，迅速提升海航饭店业务的综合竞争力，大力拓展其在全球的饭店业务。开元旅业收购的金郁金香饭店，此前由卢浮宫饭店和金郁金香饭店集团管理，该饭店将更名为法兰克福开元大饭店，并升级改造为具有东方文化特色的五星级饭店。开元集团将借助此次收购同国际接轨,提升开元饭店的国际知名度。

从行业层面看,中国饭店业对外直接投资总体规模仍然较小。2010年末分布在住宿和餐饮业的投资存量为4.5亿美元,但近年来投资增速较快,2010年住宿和餐饮业投资增量为2.2亿美元,同比增长191%。今年中国企业在境外饭店市场斩获颇丰,境外饭店投资模式逐步呈现多元化,既有在非洲、中亚等国的绿地投资,有向东南亚等国的管理技术和品牌输出,也有在欧美等国的单体饭店资产的零星并购,如锦江酒店集团、海航集团等对境外酒店集团的较大规模的并购。当然,饭店集团走出去也并非一帆风顺,海航集团收购NH饭店集团就一波三折。

目前,中国饭店业"走出去"处于一个较好的发展时机。根据发展中国家的投资发展周期理论,我国2012年人均GDP达到5000美元,已进入对外投资快速增长的第三个阶段,我国饭店企业"走出去"战略也面临新的发展机遇。从国家宏观层面看,"走出去"是我国"十二五"规划的重要战略部署之一,国家鼓励有实力的企业抓住重大战略机遇走向世界,我国庞大的外汇储备也为此提供了强有力的支撑。

从行业层面看,旅游企业走出去是实现战略性支柱产业和建设"旅游强国"目标的需要,出境旅游蓬勃发展为旅游企业"走出去"提供了有利条件,我国部分大型饭店集团已具备参与国际市场竞争的基本条件,而饭店集团"走出去"将倒逼企业品牌塑造和核心竞争力的提升,有利于企业转型升级和拓展发展空间。

从国际层面看,一方面,很多境外优良饭店资产估值偏低,人民币持续升值,这为企业对外投资创造了机会并降低了成本;另一方面,从近年来各国对外资投资旅游业的现行政策来看,普遍对饭店投资持欢迎态度,部分国家或地区将吸引饭店或相关产业投资建设列为优先或重点发展的产业领域。

但中国饭店"走出去"也面临一些制约因素。从国家政策看,企业"走出去"仍面临外汇管理过严、审批渠道不畅、融资困难、劳务输出负担重、人才缺乏等方面的问题,这对相关配套制度提出了新的要求。在战略实施手段上,除了要增强企业对外投资自主权之外,国家应简化审批管理程序以提升服务效率,要向国内企业下放涉外经营权,如核准制度,虽然国家发改委和商务部都已经下放了核准权力,简化和明确了核准程序和条件,但是目前离实现企业自主投资决策还有很大距离，应该改核准制为备案制或者登记制，并减少参与核准的相关部门。国家亟须建立完善的服务体系、支持体系和国有资产监管体系，加快海外投资的立法进度，制定适应新体制下的外汇管理制度，提高财税金融政策扶持的力度。

中国饭店集团在"走出去"之前，也要突破瓶颈，练好内功，壮大自身实力。"走出去"之前应积累充足的经验，为国际化发展夯实基础，加强跨文化经营环境中复合型人才的储备，寻求政府的支持和促进。特别是在境外并购中，需要做好基本理念和技术的准备，加强对法律风险的把握和控制，熟悉外国法律依据和法定程序，选择合适的合作伙伴和收购标的，设计合理的组织模型和交易结构，规范有序地实施并购步骤。

虽然国内市场空间还很大，但我们不能因此故步自封。饭店集团国际化是旅游强国的应有之义，大型饭店集团有责任和义务率先"走出去"，锦江集团等已经作出了很好的尝试。中国饭店战略性的"走出去"的时机已经到来，不仅饭店集团，大型房地产企业、金融投资机构等，都有机会抓住有利时机一展身手。

第二章
星级饭店转型求变

星级饭店标准对我国饭店产业发展起到了决定性的推动作用,但鉴于相关政策带来的不利影响和星级饭店业绩下滑,少数星级饭店出现了"脱星"现象,这需要政府和业界重新审视我们的星级标准和企业经营策略,以创新和变革继续推动行业发展。

一、规模止步不前

(一)饭店与客房规模

截至2013年底,星级饭店统计管理系统中全国共有13 293家星级饭店(见图2-1),其中经营情况数据通过省级旅游行政管理部门审核并完成2013年经营数据填报的饭店有11 687家。星级饭店规模稳中有升,其中饭店数量在经历连续三年下降后,2013年首次出现小幅回升,同比增长2.82%。

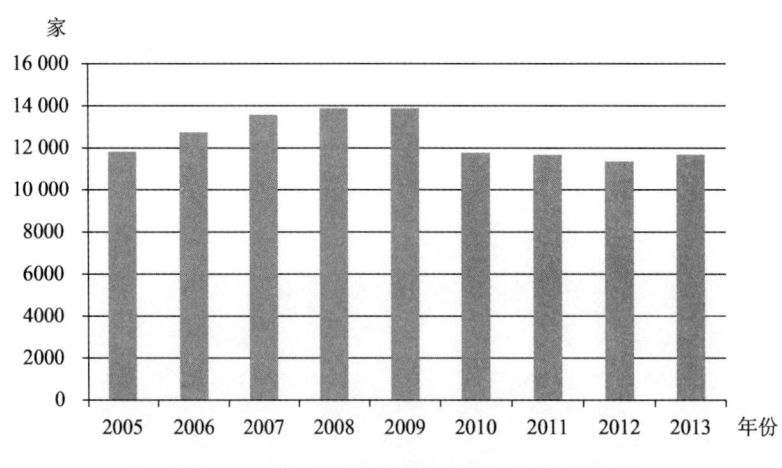

图2-1 2005—2013年全国星级饭店数量

2005—2013年全国各星级饭店数量、客房数量见图2-2、图2-3。

第二章 星级饭店转型求变
Chapter 2　Star Hotels Upgrading through Transformation

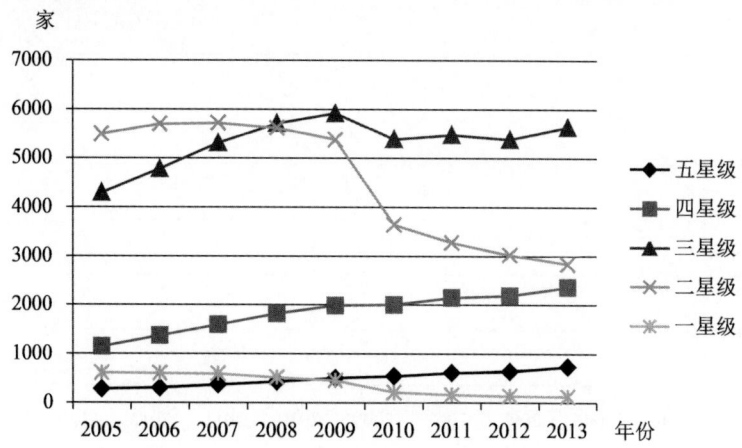

图 2-2　2005—2013 年全国各星级饭店数量

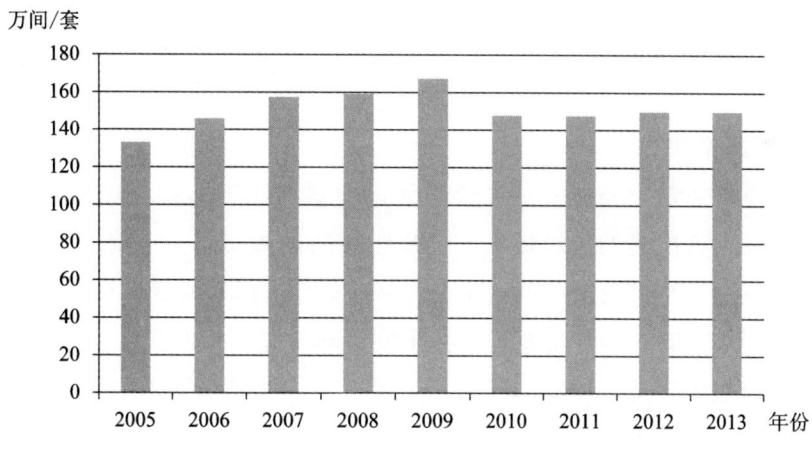

图 2-3　2005—2013 年全国星级饭店客房数

（二）从业人员规模

截至 2013 年底，全国星级饭店拥有员工 150.24 万人，其中大专以上学历人数 32.38 万人。虽然 2013 年星级饭店直接从业人数创近年来新低，但自 2005 年以来，星级饭店的从业人员规模一直维持在 150 万人以上（见图 2-4），为社会创造了大量的就业岗位，也为各层次人才提供了广阔的发展空间。

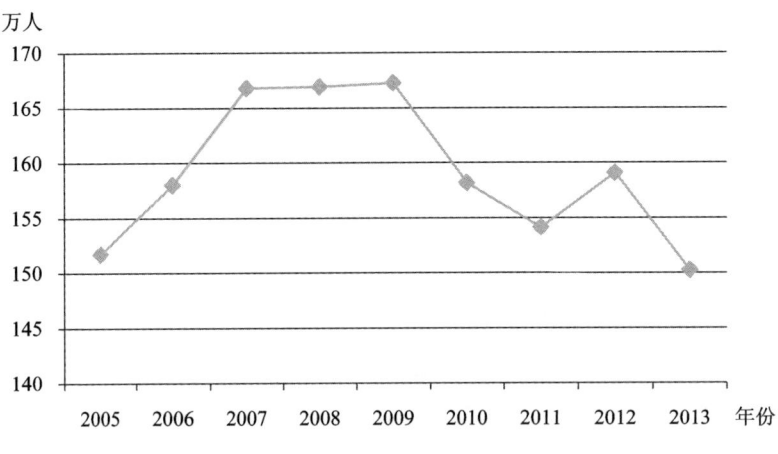

图 2-4　2005—2013 年全国星级饭店从业人数

二、结构需优化

（一）星级结构

从饭店规模来看，全国三星级饭店无论在数量、客房还是床位数方面，占比都是最大的，其次是四星级饭店。五星级饭店的数量虽然只有 6.32%，但客房数和床位数占比却高达 16.96% 和 14.60%。与此相反的是二星级饭店，虽然饭店数量占比 24.22%，但其客房数和床位数却与此不相匹配，仅占 12.26% 和 12.93%（参见图 2-5、图 2-6）。一星级饭店濒临消失边缘，数量仅占 1%，客房数和床位数占比不到 1‰。

2013 年全国星级饭店数量的星级结构、客房数的星级结构、床位的星级结构分别见图 2-5、图 2-6、图 2-7。

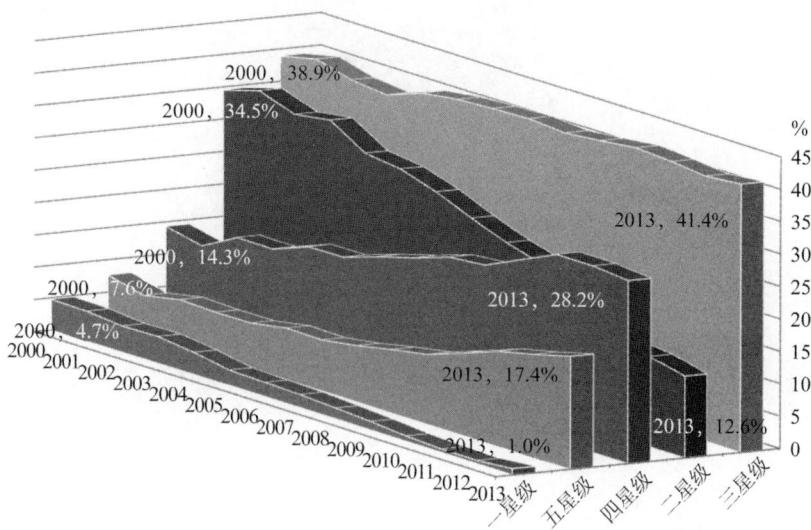

图 2–5　2013 年全国星级饭店数量的星级结构

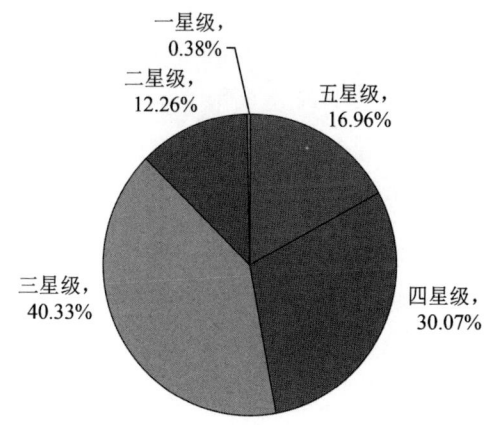

图 2–6　2013 年全国星级饭店客房的星级结构

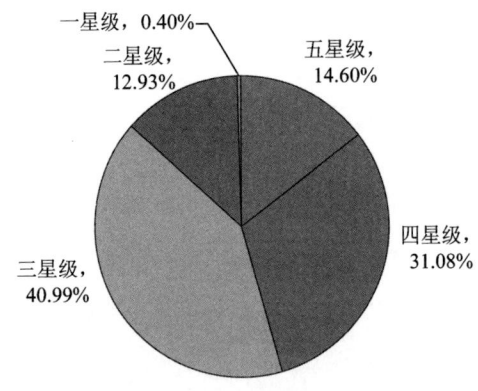

图 2-7 2013 年全国星级饭店床位的星级结构

（二）区域结构

从星级饭店的区域分布看，在全国 32 个省市自治区中，星级饭店数量排名前五位的分别是：广东、浙江、山东、江苏和北京，说明这五个省市的旅游接待能力和市场规模相对较大。

截至 2013 年底，全国 50 个重点旅游城市共有 5212 家星级饭店，北京以 602 家的规模遥遥领先，其次是上海、重庆、广州、杭州，均为经济发达城市（见图 2-8）。

从五星级饭店的地域分布来看，在全国 32 个省市自治区中，五星级饭店数量排名前五位的分别是：广东、江苏、浙江、北京、上海，说明这些省市所接待游客的消费水平相对较高。

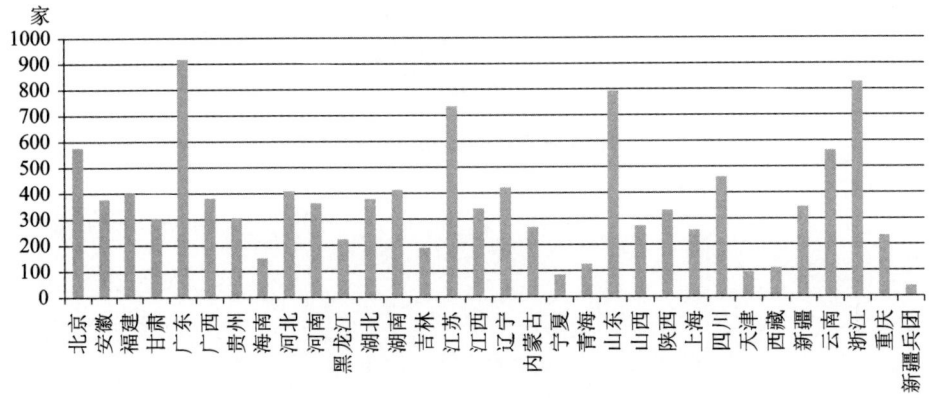

图 2-8 2013 年全国各地星级饭店数量分布情况

2013 年全国 50 个重点旅游城市星级饭店数量分布见图 2 – 9。

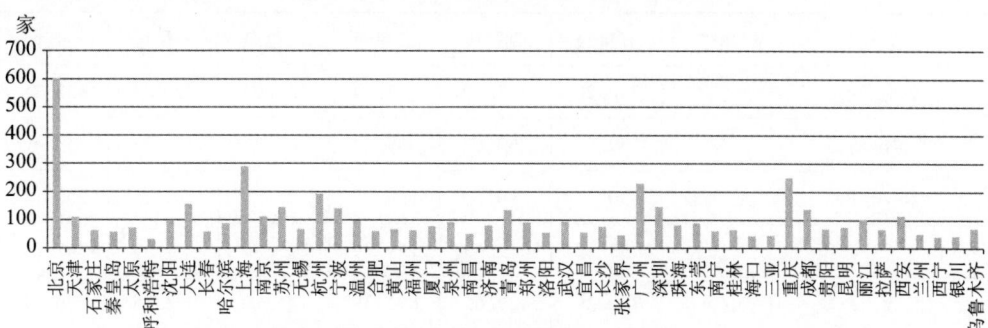

图 2 – 9　2013 年全国 50 个重点旅游城市星级饭店数量分布情况

2013 年全国各地五星级饭店数量分布见图 2 – 10。

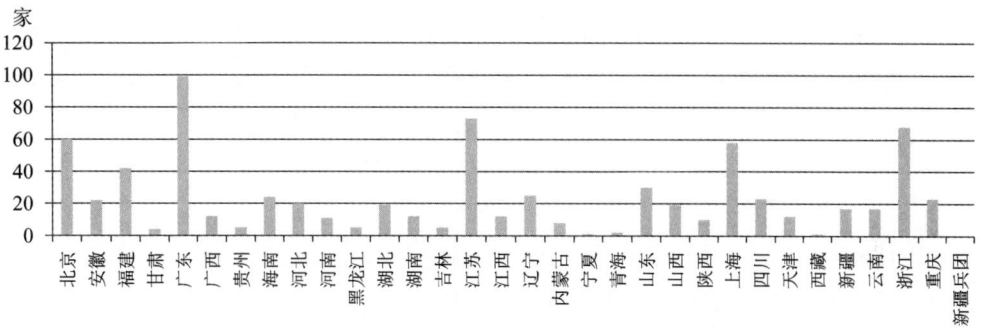

图 2 – 10　2013 年全国各地五星级饭店数量分布情况

三、绩效明显下滑

自 2012 年底以来，受抑制"三公消费"和经济下行等多重因素的影响，星级饭店需求疲软，各项绩效指标都明显下滑，高星级饭店正在面临经营寒冬期（见表 2 – 1）。

表 2 – 1　2012 年全国星级饭店基本指标统计表

指标	单位	五星级	四星级	三星级	二星级	一星级	合计
饭店数	家	640	2186	5379	3020	142	11 367
客房数	万间/套	25.20	43.74	60.32	19.75	0.71	149.72

续表

指标	单位	五星级	四星级	三星级	二星级	一星级	合计
平均房价	元	710.20	365.10	215.84	152.02	126.85	328.95
平均出租率	%	59.91	60.63	59.24	57.26	54.35	59.46
RevPAR	元/间夜	430	220	130	90	70	200
固定资产总值	亿元	1759.22	1619.65	1159.84	223.90	4.93	4767.54
营业收入总额	亿元	770.29	829.62	691.39	135.97	2.95	2430.22
客房占营业收入比重	%	44.05	40.80	38.90	45.47	59.04	41.57
餐饮占营业收入比重	%	43.00	45.84	45.86	43.12	35.56	44.78
利润总额	亿元	54.78	2.24	-7.03	0.36	0.11	50.46
实缴税金	亿元	61.92	82.37	57.49	14.34	0.71	216.83
从业人员年均数	万人	31.94	52.72	60.24	13.78	0.38	159.06
大专以上学历人数	万人	9.73	12.52	10.51	2.02	0.04	34.82

2013年，饭店企业经营绩效与往年同比有了较大幅度的下滑。全国完成填报统计数据的星级饭店11 687家，星级饭店平均房价达到333.08元，平均入住率达到55.97%。其中，五星级和四星级饭店平均房价分别为687.36元和362.76元，分别下降3.22%和0.64%；平均入住率分别为56.06%和57.21%，分别下降5.08%和5%；RevPAR分别为385.33元和207.53元，分别下降9.45%和6.25%。全国星级饭店营业总收入为2292.93亿元，利润为负20.88亿元，上缴税金203.72亿元。2013年高星级饭店业绩普遍下滑，利润总额由上一年度的盈利50.46亿元变为亏损20.88亿元；五星级饭店盈利由上一年度的盈利54.78亿元变为本年度盈利29.96亿元；四星级饭店则由上一年度的盈利2.24亿元变为亏损32.89亿元（见表2－2）。

表2－2 2013年全国星级饭店基本指标统计表

指标	单位	五星级	四星级	三星级	二星级	一星级	合计
饭店数	家	739	2361	5631	2831	125	11 687
客房数	万间/套	26.11	46.28	62.07	18.87	0.58	153.91

续表

指标	单位	五星级	四星级	三星级	二星级	一星级	合计
平均房价	元	687.36	362.76	216.42	152.09	128.75	333.08
平均出租率	%	56.06	57.21	55.64	54.05	51.53	55.97
RevPAR	元/间夜	385.33	207.53	120.42	82.20	66.34	186.42
固定资产总值	亿元	1881.94	1749.60	1184.88	196.44	4.84	5017.70
营业收入总额	亿元	761.45	776.66	630.77	121.02	3.03	2292.93
客房占营业收入比重	%	45.43	42.86	41.11	44.10	47.08	43.31
餐饮占营业收入比重	%	40.67	43.11	43.51	41.78	37.30	42.33
利润总额	亿元	29.96	-32.89	-21.15	3.07	0.13	-20.88
实缴税金	亿元	64.69	79.23	50.05	9.43	0.32	203.72
从业人员平均数	万人	33.31	52.38	53.00	11.28	0.27	150.24
大专以上学历人数	万人	10.07	11.30	9.27	1.70	0.04	32.38

2013年全国星级饭店营业收入总额为2292.93亿元，相较2012年减少137.29亿元（参见图2-11）。除五星级饭店外，三四星级饭店经营业绩也出现了不小的下滑，其中三星级饭店营业收入下降最多。2013年，全国星级饭店（一星级饭店除外）的客房占营业收入比重都有所上升，餐饮消费比重下降明显。

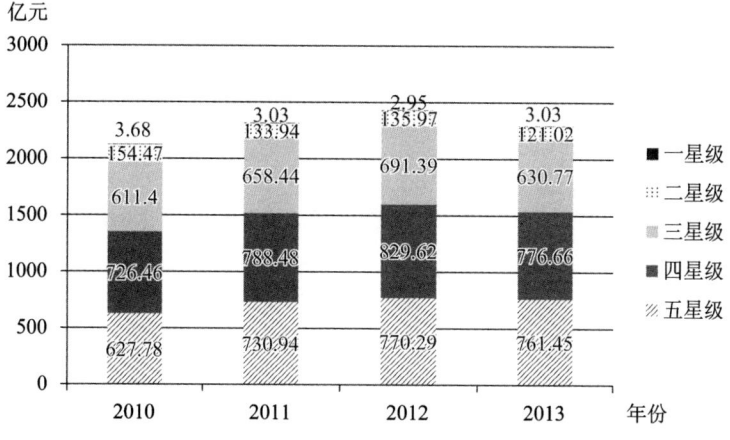

图2-11 2010—2013年全国各星级饭店营业收入情况

在利润方面，表现更是惨淡。2013年星级饭店利润总额大幅下降141%，亏损20.88亿元。四星级饭店利润从上年2.24亿元骤降，亏损32.89亿元，三星级饭店的下滑幅度也超过200%。

2013年，星级饭店的平均房价整体比较稳定，除了五星级饭店下降3%外，其他类型饭店平均房价基本没变。不过，星级饭店的另两项关键绩效指标——出租率和每间可供出租客房收入都表现不佳，各星级饭店皆有所下滑。

2010—2013年全国各星级饭店客房占营业收入比重、餐饮占营业收入比重，星级酒店饭店利润总额和各星级饭店利润总额，各星级饭店平均房价、平均出租率、每间可供出租客房收入情况，分别参见图2-12、图2-13、图2-14、图2-15、图2-16、图2-17、图2-18。

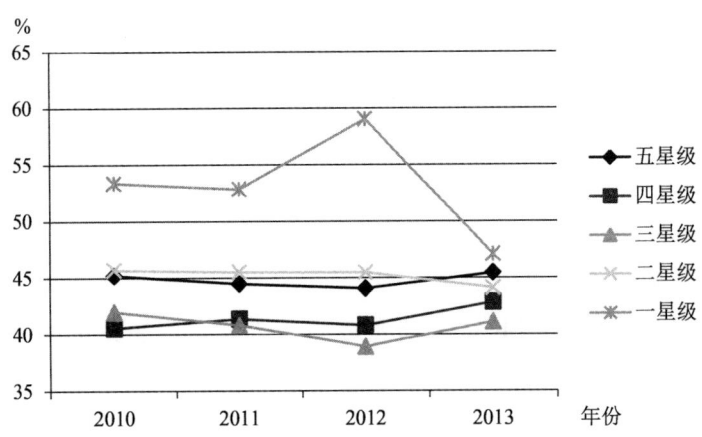

图2-12 2010—2013年全国各星级饭店客房占营业收入比重

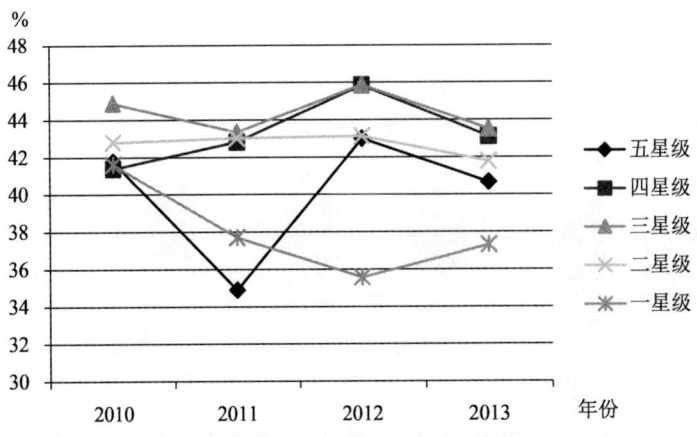

图2-13 2010—2013年全国各星级饭店餐饮占营业收入比重

第二章 星级饭店转型求变
Chapter 2　Star Hotels Upgrading through Transformation

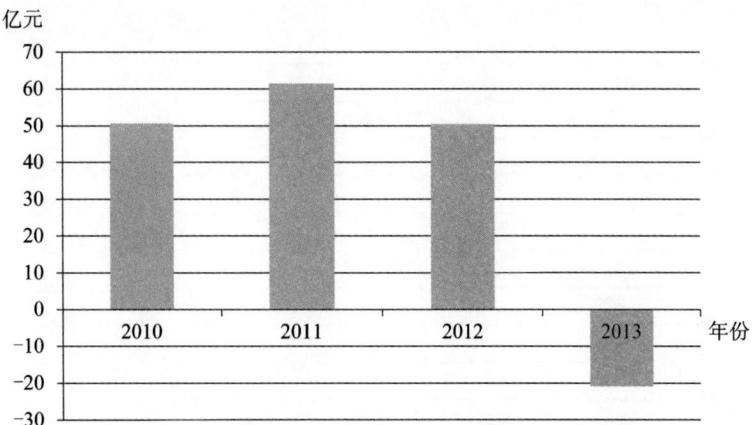

图 2–14　2010—2013 年全国饭店利润总额情况

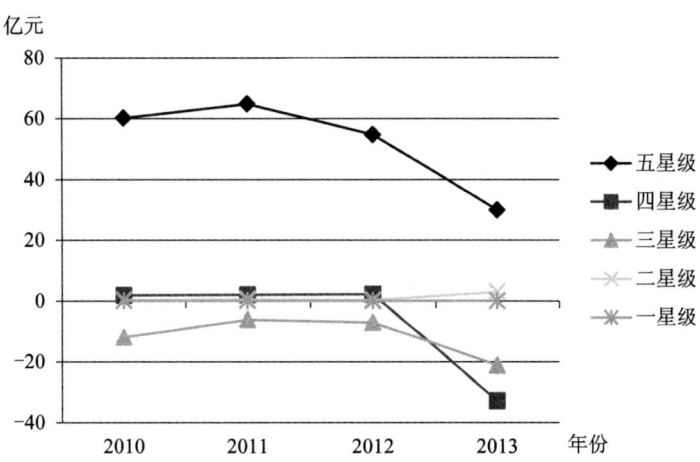

图 2–15　2010—2013 年全国各星级饭店利润总额情况

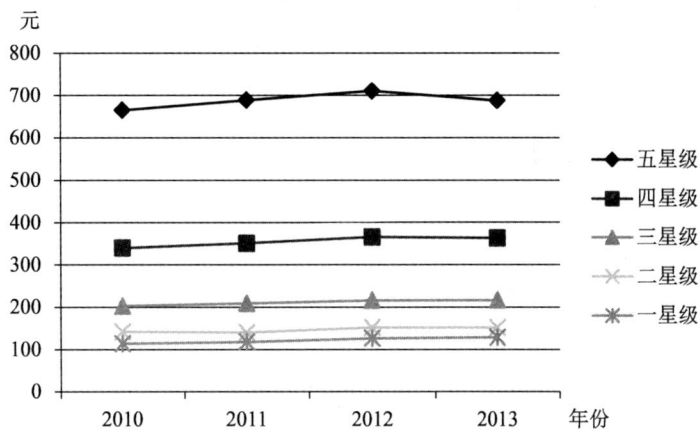

图 2–16　2010—2013 年全国各星级饭店平均房价情况

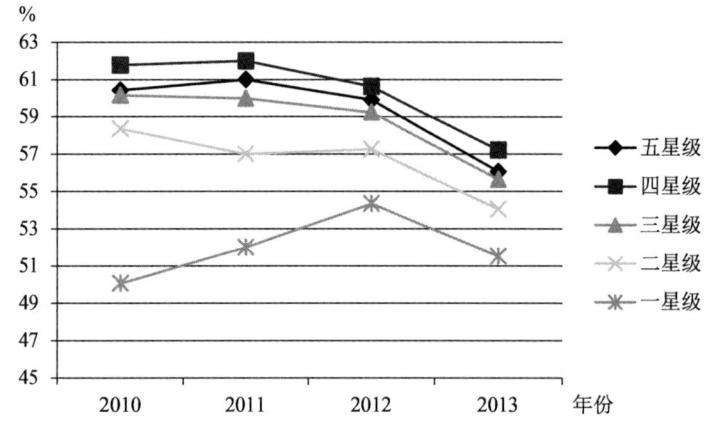

图 2-17　2010—2013 年全国各星级饭店平均出租率情况

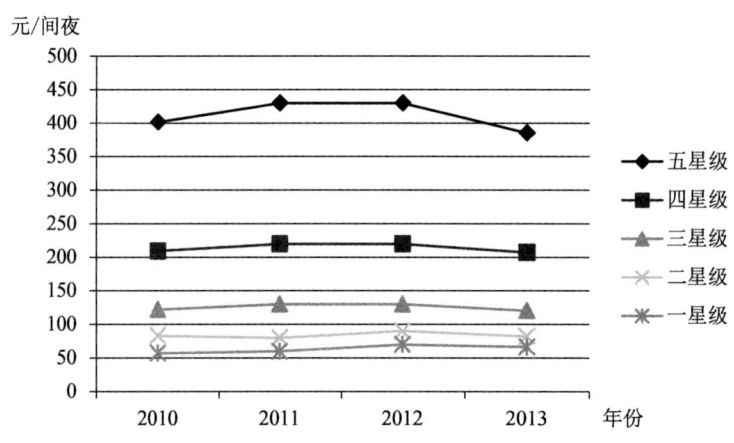

图 2-18　2010—2013 年全国各星级饭店每间可供出租客房收入情况

四、星级饭店创新

中央"八项规定""六条禁令"颁布等相关新政后，高端公款消费得到有效遏制，高星级饭店公款宴请、会议等相继取消，随之而来的是一场高星级饭店消费市场转型战役悄悄打响，"回归大众消费""回归理性消费""走亲民化道路"成了高星级饭店经营的主旋律。这场带有革命性的调整客源结构、调整产品定位、调整渠道策略，使高星级饭店的管理者们看到了新的发展方向。

（一）观念创新

近年来，饭店业的发展日新月异，市场需求不断变化，能否突破传统观念成为决定一个企业乃至行业兴衰的重要因素之一。

1. 创新思路，培育新的客源市场

国家政策的调整给星级饭店市场带来的阵痛，首当其冲的是以政务消费为主的酒店，多数酒店通过积极调整客源结构，寻找新的客源市场，来弥补公务市场的流失给企业带来的损失。如多数酒店开始深挖度假市场，创造性地推出了旅游度假套餐模式，通过与拉手网、最佳点评网以及窝窝团网等知名团购网站的合作，为酒店吸引了更多中高端散客消费群体，同时也改变了人们对于星级饭店"高不可攀"的观念。在国家厉行勤俭节约的规定下，国内的高端论坛和大型会议减少了很多，取而代之的是努力吸引民营企业的会议消费。随着企业客户群的变化，酒店应在产品和服务上也作出相应的调整。

2. 走亲民路线，推出平价产品

高星级饭店的关键词是美景、品质和高价。现在越来越多的星级饭店开始转变观念，推出平价产品，开发平价餐饮、网络团购，饭店里开面馆、进军烘焙业等，朝着市场化、效能化的方向转型。对消费者而言，现在花不多的钱就能体验优质设施和高星级服务。例如在杭州，四星级饭店浙江宾馆新推出"美味港湾"区域，让客人像在大排档一样轻松吃夜宵；黄龙饭店在饭店之外搞起了"副业"烘焙店，5元可以买到星级大厨的西点；世贸君澜大饭店开面馆为白领推出商务套餐，酒店现在已经是附近写字楼白领解决午餐的好去处。盯上商务套餐的不只是世贸君澜一家，雷迪森推出的午市自助小火锅售价为每位98元加15%服务费；JW万豪饭店在大堂吧和亚洲风尚餐厅推出单点普通商务套餐；黄龙饭店的意大利餐厅在中午推出商务套餐，百余元的价格就能吃到头盘、主菜、甜点加咖啡或茶的整套西餐。

（二）产品结构优化

目前，饭店客房数与餐位所形成的格局为"大客房小餐饮"或"大餐饮小客房"。前者多为国际品牌饭店，后者多为本土品牌或单体饭店。营收质量取决于营收结构、产品结构上的差异，直接导致人力成本和经营效益的差异。

以上海浦东香格里拉大饭店为例，2013年其客房、餐饮收入各占50%，餐饮中宴会与中西餐各占 50%。由于大型宴会厅具有用工少、创收高、作业具有流水性等特点，该饭店将中、西餐厅及风味餐厅面积缩小，减少了用工；并强化了自助餐厅，每位 380 元加 15% 的服务费，餐位供不应求，需提前预订，成为沪上一景。

位于上海新天地的安达仕饭店，2013 年饭店总营收入为 1.35 亿元，其中客房收入占总营收入的 65%。该饭店体量中等，其经营策略是强化客房创收，压缩餐饮，把大堂吧功能复合化，为宾客营造休闲、宽松、时尚的环境，这在上海也是一个典型案例。

位于外滩的上海英迪格饭店没有中餐厅，把西餐厅和咖啡吧复合使用，位于 6 楼的江畔厅和 29 楼的牛排馆，创造了很好的营收业绩。去年该饭店总营收入 1.07 亿元，其中客房收入占 54%，营业总利润（GOP）达到 38%。

这三家饭店分别隶属于三个品牌饭店集团，规模大、中、小不等，但都有一个共同的特点，即均是"大客房小餐饮"，2013 年创造了较好的效益，平均房价均超过 1500 元。

杭州西湖国宾馆 2013 年营收入 1.3 亿元，客房收入占总营收 55%，平均房价超过 1600 元。该饭店坚持走特色、精品之路，不断优化，创新设计亮点，吸引了很多的客户群体。

（三）特色经营

许多饭店在产品及服务上设计了特色，让宾客印象深刻。宾客对饭店口碑相传，或不断回头，让客人产生了"黏性"。比如，上海外滩半岛饭店地下停车每小时 60 元，消费满 300 元可免费停车 4 小时，住店客人可免费停车；客人送洗衣服，按一下专门装置的按钮，服务中心就会即刻取衣，这两个很小的细节形成了半岛饭店特色。从这两个细节上，可以看出半岛饭店的创新。60 元/小时的停车费是针对来店消费的客人而设的门槛，就餐、住宿均无须付停车费，这样的做法却能给客人留下深刻的记忆。

又如，上海新天地安达仕饭店客房区域采用 LED 及智能化控制软件，位于大堂的总服务台明显有别于一般五星级饭店：两组独立方形操作台，配上免费现磨咖啡及点心，体现出别样的温馨。

2013 年 2 月以来，杭州陆续有 16 家高星级饭店设立"微公交"——纯电动汽车租赁站点。黄龙饭店是杭州市区内第一家引进"微公交"的高星级饭店，该站点内配备了10辆车，"微公交"在饭店的使用率比较高，有时候车子不够用，客人还需要提前预约。租车最多的是入住饭店的外地客人，因为自己没有开车来杭，又觉得"微公交"挺新鲜，就会尝试租车出行。有些来饭店吃饭的客人也会租，但数量没有住店客人多。这些星级饭店除了对大众提供电动汽车的租赁服务外，入住饭店指定房间的客人，还能享受租车费用减免的优惠，成为饭店的一项特色服务。

饭店特色可以进行精心设计，企业有了文化特色，再加上产品过硬，就有了竞争力。打造特色、提升产品附加值必将会是未来饭店业的发展方向。文化特色越系统、越具有独创性，越不容易被复制，竞争力也会越持久。

（四）技术和管理创新

1. 创造新的盈利模式

面对已经发生改变的市场形势，高星级饭店经营者必须转变经营思路，改变传统的盈利模式，整合相关社会资源、酒店资源，创造新的盈利模式。如很多酒店通过与景区、兄弟酒店合作打造旅游度假套餐模式，以高品质的产品和便利性赢得了市场的认可。比如，呼和浩特香格里拉大酒店携手包头香格里拉大酒店共同打造"五天四夜香格里拉草原深度游"为主题的"一价全包"度假产品；北京燕莎中心凯宾斯基饭店推出了2988元即享5天4晚的半自助旅游套餐，通过这种"一价全包"的度假产品模式，改变了酒店只卖房间和餐饮的单一盈利模式，为酒店赢得了更多的客源。

2. 提升产品品质和效能

为了提升产品品质和效能，实现GOP的增长，各饭店企业也在积极应对市场，创新技术和管理模式。如广东东莞塘厦三正半山饭店推行"微信管理"模式。微信群的群友是该饭店的总经理级人员、各部门负责人及行政办公室人员。对于塘厦三正半山饭店而言，建立微信群有利于饭店各部门信息共享、及时沟通、协调工作和处理紧急事件，进一步提升管理效率和执行力，最终提升饭店服务质量。以EOD（值班经理）、AM（大堂副理）的管理工作为例：该饭店在还没应用"微信管理"模式之前，EOD、AM在值班时发现问题时，需要逐一打电话告知相关部门及领导，甚至要经过一轮反复描述，问题才能得到有效解决。在应用"微信管理"模式之后，EOD、AM只需拍张照片加以简单文字说明，发到微信群，饭店管理当局及各部门便会知悉并立即跟进。如此一来，大大节省了沟通时间，有利于问题解决，体现服务的高效及时。此外，"微信管理"模式对饭店的其他管理工作也有很大促进，例如：饭店的日常紧急会议通知可以通过"微信群"发出，行政办负责人无须再像以往那样一一致电与会人员。管理层一旦有值得分享的工作经验或管理问题，他们便可以通过微信与员工共享，这有利于员工更贴近管理层的思想，将管理层的理念执行得更到位。

（五）创新营销

创建新媒体营销平台。随着传媒力量的快速发展，人们获取信息的途径愈发多样和快捷，传统营销活动的宣传优势已经不再明显，因此，能否充分利用新媒体营销平台为企业带来更多的市场关注度显得尤为重要。随着互联网和移动互联网的发展，越来越多的客人依赖于手机和PAD，饭店营销也在这一形势下发生着根本性的变化，微博、微信、官网、APP、第三方网络平台逐渐成为星级饭店新的营销平台。

如香格里拉酒店集团通过新浪微博开展的营销活动就取得了很好的市场效果，新浪微博用户只需关注香格里拉酒店集团的官方微博，上传符合要求的照片就有机会赢取伊斯坦布尔、多伦多和温哥华香格里拉奢华之旅。北京富力万丽酒店推出"发现中华美食主题摄影大赛"，评委评选出的获奖者将获得普吉岛的诱人大奖，还有佳能7D相机和高额美食餐券。新媒体营销以其较强的互动体验给顾客带来了难忘记忆，有助于企业品牌形象深入人心。

星级饭店顺应各方面环境变化，不断创新营销手段，这从2014年的月饼营销思路上，可以略见一斑。例如，上海静安香格里拉大饭店2014年推出月饼销售公益活动，恒大饭店与餐饮大腕北京大三元餐饮公司合作等。此外，多家酒店推出扫描二维码则可获得餐饮优惠或通过微信送祝福等活动。

五、存在问题与对策

（一）存在问题

1. "脱星"现象

改革开放以来，饭店业"追星潮"一度成为一种风尚，但自2013年起受经济增长速度放缓和政策调整的影响，星级饭店的市场环境发生了巨大变化，饭店星级制度也承受了创建30多年以来的第一次危机，一些饭店主动"降星"

甚至"脱星",更多准备申报五星级的饭店都暂缓申报了。据统计,2013年有五十多家五星级饭店要求"降星",这主要是由于"八项规定"出台后,各级政府机关严控会议费用支出,有些省份修订了会议费管理办法,明确"限星"消费,因此很多五星级饭店为了生存纷纷"弃星""降星"。

在"脱星"的五星级饭店中,有一些是当地政府原先的定点招待饭店,以政府接待为主,"挂了星就做不下去了";另外一些饭店并无政府定点招待的背景,自动放弃是出于对这几年行情的反应。不过,这些"脱星"的五星级饭店大多表示,饭店的服务水准还是五星级的,在服务水准和价位上没有太大变化,这就使得"脱星"有形式主义之嫌。有关部门应加强监督,提防酒店"降级""降星"的"障眼法"。

星级标准是酒店档次的象征。面对"八项规定"和反腐倡廉的新形势,饭店不应该采取逃避或"降星"的方式,而应转型升级,找到适合自身的定位,比如把正常的商务市场做好,接待有中高端需求的旅游团队;或者调整自身经营结构,把大型餐饮、会议场所移作他用,改成客房等;还可以把总统套房、歌厅等使用率很低的地方租赁给企业作为办公场所。

2. 中低星级饭店面临困境

近年来,国内高星级饭店年均增长速度超过10%,但中低星级饭店发展缓慢。三星级饭店的数量自2010年以来基本保持稳定,一二星级饭店的数量则逐年下降。中低星级饭店占星级饭店总数的比例超过70%,但其经济效益持续偏低。一二星级饭店长期处于盈亏平衡点上,大多三星级饭店自2010年以来连年亏损。中低星级饭店的平均出租率也显著低于高星级饭店。设施设备陈旧落后、经营管理粗放、成本偏高等使中低星级饭店性价比大都不及经济型饭店,缺乏市场竞争优势。中低星级饭店面临困境,除了受市场因素影响外,还与各地对中低星级饭店的引导和支持不够有关。近年来,从企业到各级政府,都对投资高星级饭店项目表现出浓厚的兴趣,忽视了符合游客需求的中低端特色饭店的建设。

3. 高星级饭店局部地区投资过热

目前中国的不少城市已经出现饭店,特别是高档饭店投资过热的现象,例如三亚、东莞、宁波等地。根据迈点旅游研究院的不完全统计,2013年国内开业的三星级(含三星)标准以上的饭店为191家,其中按五星级标准建设的饭店有144家,四星级标准饭店有41家(图2-19)。近年来,五星级饭店已经处于过剩状态，绝大多数的五星级饭店投资者未实现赢利，即使经营好的饭店，其利润也大多被外聘的管理公司拿走。作为房地产开发配套的饭店，更是亏损居多。"微利"已经是整个行业存在的问题。自中央颁布"八项规定"和"六条禁令"以来，五星级饭店的业绩更是大不如前。

不过种种低迷现状也抑制不住五星级饭店的增长，中国城镇化进程的加快导致对高档饭店的需求增加。综合体的开发直接带动了高档饭店的发展，开发商对综合体中饭店的定位，已不仅仅关注饭店的营业收入，饭店更多的是承担着提高整个项目档次的责任，从而提高其他项目如写字楼、公寓和住宅的销售均价。另外，房地产的快速发展所带来的地皮增值也是高档饭店快速发展的原因之一。

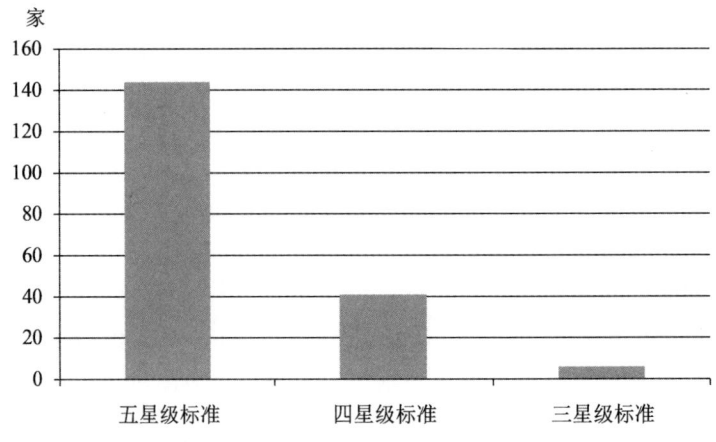

图2-19　2013年全国星级饭店开业统计

4. 人才流失严重

员工离职率高已是整个饭店行业不争的事实。饭店业作为劳动密集型产业，正常的饭店员工流动率一般保持在18%左右是合理的，但我国星级饭店的员工流动率远高于这一比例，中低星级饭店情况尤为严重，几乎每天都有员工流失。迈点旅游研究院的调查统计结果显示，2013年饭店整体人员的离职率居高不下，离职率在10%以下的饭店仅占12%；24%的饭店离职率在11%~20%；26%的饭店离职率在21%~30%；20%的饭店在31%~40%；离职率超过41%的饭店占18%。2013年由于饭店房价下滑及国家政策影响，许多饭店的效益明显不如2012年，这也给饭店员工造成了一定的压力，间接导致其离职。

造成我国星级饭店员工流动率过高的原因有很多：有饭店方面的原因，如员工工资福利待遇问题、饭店内部管理制度问题、不畅通的沟通渠道、不和谐的工作环境、人才成长规划缺乏、饭店形象欠佳等；也有员工方面的原因，如对饭店期望过高、传统观念的影响、企业与自己的价值取向不同等；另外还有市场和社会方面的原因，如国际饭店和经济型饭店的人才争夺。

（二）发展策略

1. 星级饭店标准反思与创新

"八项规定"和"六条禁令"的颁布使"降星""脱星"成为人们热议的话题，甚至有人提出了"星级已经过时"的观点。但一个国家、一个地区对所属行业都有基本的要求，类似于一种门槛和准入基准，星级制度作为国家标准，是我国旅游管理部门对饭店服务产品的一种质量规定，有其存在的必要性和合理性。不过，任何制度都有其不断创新和发展的过程，中国星级饭店制度从1988年开始也伴随着中国饭店业的发展进行着调整，至今已出台5个版本，进行过4次修订，因此，根据市场消费变化和饭店业发展趋势，星级制度还应该进行实时的变革与创新。

（1）覆盖不同饭店类型。碎片化的市场形成多元化、多样性的消费需求，为适应市场变化，尽管2010版星评标准增列了"商务会议型旅游饭店设施""休闲度假型旅游饭店设施"和"其他"三种类型饭店的选项，但从标准的整体框架和具体内容而言尚不够彻底和完善。依据市场变化和饭店业自身发展实际，标准应更加关注对不同类型饭店的引导和评价，突破原有的框架结构，将不同类型饭店的相关指标进行更为细致的梳理，形成针对不同类型饭店的评价序列，增加标准对不同类型、不同业态饭店的覆盖面。

（2）关注饭店品质建设，实施"评等"与"定级"相互配合的评价体系。2010版星评标准从"项目到流程，从流程到员工服务动作"的调整，强调了饭店服务质量评价的可操作性，符合饭店服务市场的要求，是非常重要的一种变革。但仍然没有完全改变标准"重硬件，轻软件"的问题，在实践中常常出现同等星级饭店服务质量相差悬殊的情况，影响了星级的识别性和权威性。

因此，可借鉴国外先进的做法，将饭店"评等"与"定级"分离，即设施设备评定和服务质量评级相结合。所谓"评等"，是指针对不同类型饭店功能、设施设备配置、装饰装修材料与工艺、后台支撑系统等硬件内容的评价，仍然采用五星级的等级。所谓"定级"，是指对饭店管理制度、服务流程、服务规范以及服务效果等软件内容所进行的评价，可实行三个级别，采用有区别的特殊符号，如"一到三花"或"第一到第三"对同一星级饭店的服务质量进行区分。如此一来，同为五星级饭店，便有了"五星一花""五星二花""五星三花"的不同评价结果，可以有效提升饭店的自身管理水平。

（3）纳入饭店经营效益的评价。饭店经营效益是饭店服务结果的市场化反映，长期以来星评标准没有涉及饭店经营效益的评价内容，使一些不按照市场规律经营、效益不佳的饭店凭借大规模的投资仍然能够跻身星级饭店行列，这对中国饭店业市场秩序和规范的形成产生了负面影响。

因此，在星评标准中，建议增加对饭店经营绩效的考核，但应考虑地区差异因素的影响。每年全国旅游星级饭店评定委员会可以不同星级饭店的平均房价、平均出租率、平均单房收益为标准，凡低于该标准的饭店不能进入相应的星级评定，以此促进饭店的理性投资和专业化经营。

2. 科学规划星级饭店建设

星级饭店的投资建设不仅是一项商业地产投资行为，还会对城市发展、旅游接待、城市土地利用以及旅游者活动等方面产生一定影响。饭店布局是否合理直接关系到城市商业用地的规划设计、零售业和服务业的分布、城市交通的线路组织及城市旅游流向等。因此，为促进城市快速发展和城市旅游有序进行，加强对星级饭店尤其是高星级饭店的区位选择、报建审批和规范管理显得尤为重要。城市建设部门和旅游行政管理部门需要协调合作，统一城市发展和旅游游憩的认识，努力提高饭店用地的规划水平，科学引导合理投资，优化饭店业的星级结构，逐步实现星级饭店的合理布局和健康发展。

星级饭店的数量、布局、档次、类型，取决于饭店客源市场的流量、流向、构成和消费水平。各级政府应结合当地现有星级饭店的供求状况和饭店市场需求趋势，从以下方面优化星级饭店结构：

（1）结合城市发展，完善星级饭店空间布局结构。星级饭店要根据城市和区域发展规划进行选址，地域分布上要合理。对已经成熟或初具规模的经济新区和交通密集地域，星级饭店建设要配套。政府和行业协会应针对市场需求，提出不同功能饭店的需求量，作为饭店设计建设的依据，通过一定的优惠政策引导饭店项目的合理布局。

（2）适度发展高星级饭店，扩大饭店利润空间。高星级饭店可以改善当地的投资环境，满足住宿档次多层次化的消费需求，但高星级饭店投资大，回收期长，因此，高星级饭店需要建立品牌意识和可持续发展理念，避免价格战，培养各自的产品特色和风格，逐步提高盈利水平。

（3）重组中低星级市场，扭亏为盈。中低星级饭店（尤其是三星级饭店）数量多，产业规模大，在星级饭店中占主要比例，但大多数中低星级饭店缺乏投入，陷入低质量、低价格的恶性循环。政府应引导投资结构，活跃中低档星级饭店资本市场，对民营投资予以鼓励和优惠，或采用多种方式对处境艰难的中低星级饭店进行重组改造。

3. 中低星级饭店应找准市场定位，打通客源渠道

客源流失严重是中低星级饭店面临的最大问题。中低星级饭店的产品同质化严重，缺乏特色。在高星级饭店和经济型饭店的强势攻击下，中低星级饭店的出租率连年下降。为摆脱困境，中低星级饭店的当务之急是找准市场定位，打通客源渠道：

（1）积极发展主题饭店和特色饭店。中低星级饭店可以借鉴经济型饭店的经验，认清自身优势，细化目标客源，主攻某一市场，以实现酒店的特色化经营。另外培养忠诚客户也是中低星级饭店寻求出路的重要手段。有研究表明，顾客回头率每上升5%，利润相应可提高5%～12.5%，并且经常惠顾的顾客对价格的敏感度较低，消费力更强；同时，增加忠诚顾客还可以在很大程度上节省酒店的营销费用。

（2）结成联盟，形成网络化营销平台。中低星级饭店虽无订房网络支持，但可以像很多国外的单体饭店一样，加入专业的饭店分销网络。中低星级饭店应改变"单兵作战"的现状，加强与其他中低星级饭店品牌的联系，形成一个战略联盟，在人力资源、运营管理、营销等方面进行密切的交流和合作。

（3）转变经营理念。目前很多中低星级饭店管理模式和经营理念过于陈旧，对消费者核心需求关注不够。中低星级饭店需要改变企业管理机制，更新配套设施，建立科学的管理体系，贴近市场需求，提高饭店的市场竞争力。

4. 创新饭店人才管理机制

雇员的流动特别是优秀员工的流失问题是近年来困扰星级饭店人力资源管理的一个难题。虽然从管理的角度出发，适当的员工流动率有利于饭店"吐故纳新"，淘汰低素质的员工引进高素质的员工，但员工高速流动，尤其是熟练员工的流失会导致服务质量下降，增加饭店的培训成本。因此，对星级饭店而

言，人力资源的开发及管理尤为重要。星级饭店应创新人才管理机制，提升企业发展软实力，保持稳定的员工队伍。

（1）重视员工职业生涯规划。饭店应秉承"以人为本"的管理理念，帮助员工制定个人职业发展规划，提供丰富的教育和培训计划，协助员工学习专业知识和技能，促进员工个人和饭店的共同发展。

（2）建立科学的薪酬结构，完善激励机制。在现阶段，工作仍旧是大多数员工谋生的重要手段，因此薪酬对员工极为重要。饭店应制定科学合理的薪酬和奖金分配制度，如根据智力付出程度、顾客满意度、劳动强度、劳动时间、技术等级等多重因素综合测定，努力实现物质奖励与精神奖励的平衡。

（3）培育企业文化，增强员工归属感。饭店的企业文化，是饭店管理者根据饭店的特点，为饭店的生存和发展而树立的一种精神。饭店的企业文化具有导向功能，可把员工的努力引导到完成饭店的经营目标上去，进而形成一种共同的价值观。企业文化的形成不是一朝一夕就能完成的，管理者要不断地对员工进行企业理念的宣传和关注，并通过各种途径和方式使之固化。培训是一种常用的手段，而其他一些灵活的方式，诸如知识、技能竞赛、文娱活动等，会使员工在轻松的氛围中融入企业，与企业产生共鸣，从而逐渐使自己的价值理念与企业相一致。

5．加强收益管理

随着星级饭店市场逐渐趋于饱和，竞争变得越来越激烈。中国饭店业已步入微利时代，饭店经营陷入困境，生存发展举步维艰。越来越多的饭店经营者意识到采用收益管理技术所带来的战略优势，收益管理这一概念的认知度正在不断增强。饭店收益管理可以在整个饭店范围内实现入住率和整体收入的最大化，包括客房、餐厅、水疗和其他配套服务。不同的饭店由于其各自的市场定位、目标客源市场、管理理念及组织机构的不同，应开发使用适合自身的收益管理系统。收益管理战略涉及多个部门，包括销售、市场、预订、前台客房部和餐饮部等，要求各部门加强沟通与协调，密切配合，以提高管理效率，实现收益最大化。

收益管理是一项系统工程，饭店在实施收益管理战略时，应做好以下几方面的工作：

（1）创造收益管理文化氛围，普及收益管理知识。近几年来，虽然国内一些大的饭店集团，甚至是单体饭店开始重视收益管理工作和应用收益管理技术，但发展速度仍然相对迟缓，主要的制约因素之一就是多数饭店还没有形成收益管理的文化理念，对收益管理工作认识不足或存在着认识的误区。因此，要推广和使用收益管理技术，饭店需要在推崇企业文化理念的基础上形成收益管理文化小气候，上至总经理下到员工都应该重视收益管理工作，强化培训，了解和掌握收益管理基础知识，构建浓郁的收益管理文化氛围，形成人人为饭店挖潜增收的气候，才能通过实施收益管理技术使饭店收益最大化。

（2）制订明确的利润计划。在我国星级饭店中，国有饭店占了相当大的比例。这些国有饭店长期处在传统计划经济体制下，对规范管理、经济效益、市场竞争、行业管理的信息不够敏感，也缺乏相应的主动性。要有效实施收益管理战略，饭店必须制订明确和严格的利润计划，各项管理措施围绕实现利润目标而进行。同时，饭店员工可以通过目标利润充分了解企业的整体经营情况，更加积极努力地工作。

（3）做好基础工作和数据积累。目前我国大多数饭店的经营还是靠经验管理，并不注重数据积累和分析，许多饭店自身历史数据残缺，不注意对竞争对手的数据的搜集。收益管理是以对未来市场的精确预测为基础的，饭店必须做好数据的收集工作，提高数据的准确性，为预测提供可靠的依据。

六、经典案例：开元酒店集团

截至2013年末，开元酒店集团在北京、上海、浙江、江苏等中国24个省、自治区、直辖市以及德国法兰克福市拥有148家酒店，42 000间客房，创建了开元名都、开元度假村、开元大酒店、开元·曼居酒店和开元文化主题酒店五大品牌，旗下酒店绝大部分都是高星级饭店。2013年受国家相关政策的影响，高星级饭店市场受到重创，作为国内最大的酒店集团之一，开元酒店也在不断寻求新的突破点，进一步探索更广阔的市场发展空间。

（一）整合资源，创建产品开发新模式

面对市场需求的日益变化，开元酒店集团不断推陈出新，创造性地推出了微信主题客房，备受消费者追捧。该微信主题客房系列产品是为宾客专属定制的，致力于为顾客提供"家外之家"的愉悦体验，推出了咖啡物语、音乐坊、亲亲家园、书香门第等四大主题，包括全国各地18家开元酒店的26个主题客

房。预订主题客房的方法也很简单,只要扫描二维码或者关注开元酒店集团官方微信,选择酒店预订/主题房,搜索酒店,确定后支付微信专享价,就完成了订房,整个预订流程只需要几十秒钟。

开元酒店集团持续不断地创造优质产品,努力为宾客提供东方文化和国际标准完美融合的服务,务求使宾客下榻每家开元酒店,都能体验始终如一的开元品质,尽享殷切贴心的开元关怀。同时,作为中国酒店民族品牌的环保先行者,开元也正努力通过各种渠道倡导绿色环保,推广健康生活方式。

(二)跨界合作,创建营销推广新模式

1. 跨界整合营销

开元酒店集团与奇高科技达成战略合作,率先在国内开启了饭店业和布草行业的跨界合作。开元酒店集团与奇高科技的 O2O 模式是 Offline To Online,即"线下到线上"。开元酒店集团将客房化身为消费者的床品体验馆,通过消费者在酒店入住体验床品后,扫描二维码后可直接进入奇高科技的网络商城下单购买多款"兰叙"品牌床品,并且支持多种便捷支付方式。这种国内首创的全新的 O2O 模式颠覆了传统的营销模式,为顾客打造了独有的体验空间,为酒店发展开拓了新领域,发掘了新商机,同时其创新性和颠覆性也将为整个传统布草行业带来生机和希望。

2. 品牌联盟营销

开元酒店集团与城市名人酒店集团实现"酒店互联",两大酒店集团系统实现了无缝对接,双方集团会员可以在对方集团享有同等的会员折扣和会员权益。在行业发展的新形势下,酒店发展需要互补与创新,而品牌联盟营销是一个新起点,特别是在互联网时代,它将成为一种发展趋势。

3. 重视节庆营销

充分利用中秋节、国庆节、情人节等节庆活动的营销和促销,吸引当地的居民和家庭消费,如利用七夕节,推出"浪漫七夕,一路有你"的主题套餐、"全城热恋"餐饮套餐、金秋"食惠"美食套餐,以及国庆节的旅游产品包价套餐,满足顾客吃、住、行、游、购、娱全过程的服务需求,各种应时应景的主题活动的策划,为顾客创造了不一样的住宿体验,从而取得了良好的市场效果。

（三）立足中国，建设国际化的网络布局

在全球饭店业权威杂志《Hotels》公布的 2013 年度全球酒店集团 300 强排名中，开元酒店集团位列第 32 位，可见其发展速度之迅猛。在品牌化发展的过程中，开元酒店集团在国内及海外进行了战略布局，并获得了全球知名投资机构美国凯雷的资本注入。2013 年 7 月 10 日，开元酒店 REITs 在香港联合交易所成功上市，加快了集团资本化和国际化的发展步伐，未来将继续保持良好的发展势头及盈利能力。

开元酒店集团酒店网络布局辐射全国并进一步走向全球市场，为全球宾客提供了高品质产品及专业化服务，同时，开元酒店集团不断引进和应用先进酒店管理理念，提升集团竞争力及品牌影响力，巩固现有市场，积极开拓潜在市场，持续做大做强民族酒店品牌。

第三章
经济型饭店探索健康发展路径

经济型饭店是以大众旅游者和一般商务旅行者为主要服务对象,提供标准化服务,以客房为唯一或核心产品,其价格相对低廉,服务标准,环境舒适,硬件上乘,是性价比较高的现代饭店业态。经济型饭店按价格范围可细分为两大类别:快捷连锁酒店和廉价连锁酒店(也称百元饭店)。

一、广受社会关注

近年来,经济型饭店的持续高速发展引起了市场、政府和社会的广泛关注,产生很大的影响。一方面,国家重视经济型饭店在发展、管理和服务等方面的成功经验。2012年9月24日王岐山同志在北京考察生活性服务业、召开座谈会时,对经济型饭店的发展给予了高度关注,要求总结推广经济型连锁酒店等好的经验做法,提升生活性服务业质量。另一方面,经济型饭店管理却跟不上发展步伐。经济型饭店"毛巾门"、pH值、空气质量门等事件曾引起社会的广泛关注,引发大众对经济型饭店卫生状况的信任危机。7天连锁酒店由于"水土不服"、估值下降等原因收到股东集团私有化收购要约,进而从纳斯达克退市。上述情况说明,我国经济型饭店发展得到政府和社会的高度认可,但服务质量仍需要加快提升,而企业也面临资本市场、资本运作等战略性问题。为了充分发挥经济型饭店在生活服务业发展中的带动作用,政府相关部门有必要重视和积极引导经济型饭店朝着更加理性的方向发展。

经济型饭店高速发展主要受以下因素推动:

第一,我国旅游与旅行市场需求规模大、增长快,大众住宿产品的供给也随之扩张。2013年,我国旅客运输量达到401.9亿人次,同比增长5.6%;国内旅游人数32.62亿人次,比上年增长10.3%。

第二,资本市场大力支持经济型饭店品牌的连锁发展。经济型饭店的成功,与其说是饭店业自身的成功,不如说是连锁经营模式的成功以及资本市场关注的结果。经过2004年和2007年两轮经济型饭店投资,基本形成了如家、7天、汉庭和锦江之星四大品牌占据过半市场份额的格局。2003年至今,国内饭店行业共有39笔融资案例发生，累计获得融资9.33亿美元；其中2007年为近10年融资规模最高值，融资案例7起，融资规模达3.11亿美元，7天、开元、汉庭、维也纳等均在当年获得VC/PE注资。中投集团统计显示，2012年，国内又有5家经济型饭店品牌获得多轮融资，累计规模达2.88亿美元，形成了资本市场对饭店业投资的又一个高峰。同时，经济型饭店还采取了并购的方式进行快速扩张，2009年至今，中国经济型饭店并购案例达6起，其中如家在2011年9月以4.7亿美元收购莫泰168全部股权的案例成为并购交易规模最大的一起，最近如家又耗资940万美元收购"e家快捷"。此前，7天酒店也曾将华天酒店集团旗下全国精致型连锁经济酒店华天之星收入囊中，锦江之星则通过2次增资金广快捷而将其股权全部收购。

第三，一群具有卓越才华和执着追求的企业家创造了经济型饭店新行业，形成如家、汉庭等品牌。他们的管理团队为中国企业树立了一个高效团队的榜样，其商业模式和管理经验甚至在金融创新领域引起强烈反响。

经济型饭店经过了10年的高速发展，现在已到了需要系统总结和理性提升的战略转折期。为了充分发挥经济型饭店在生活服务业，特别是在拉动内需和促进就业方面的积极作用，应当客观看待当前行业出现的一些问题与争论。政府主管部门有必要给予经济型饭店以全面的评价，并通过产业政策和行政行为引导经济型饭店持续健康发展。

二、引领饭店行业发展

经济型饭店取得了令人瞩目的商业成就，在满足大众住宿需求的过程中取得高速增长，有力地推动了中国服务业的发展。

（一）业态创新引领者

经济型饭店已经成为住宿业态创新的引领者和旅游经济重要的支撑主体。经济型饭店在满足大众住宿需求的过程中取得高速增长，有力推动了中国服务业的发展。具有商业模式特征的经济型饭店在我国的发展历史并不长，1996年，建国客栈、锦江之星、东方驿站等最早的一批具有经济酒店雏形的品牌开始导入旅游市场。2003年以后，经济型饭店步入快速发展期，行业门店数量的年复合增长率高达72%，这种增长速度在世界经济型饭店发展史上实属罕见。

2011年9月13日,《财富》杂志公布了2011年全球"100家增长最快的公司"排行榜,如家酒店集团的净利润增长率为94%,排名第9位,在上榜的服务行业公司中排名最高,成为全球服务业增长冠军。锦江之星、如家、7天、莫泰168等国内经济型饭店品牌近3年来的平均增长速度更是达到90%左右。根据盈蝶咨询2014年7月发布的数据,目前我国的经济型饭店总数为12 078家,客房数1 138 394间,品牌数514个。经济型饭店仍然高速增长,目前的酒店数量比2012年增加了2154家,比2011年增加了4764家,客房数则比2011年增加了301 174间,表3-1是2014中国经济型连锁酒店品牌规模30强排行榜。从行业平均投资收益率与出租率分析,目前中国经济型饭店的行业平均投资收益率为20%,平均出租率达89%,均高于旅游住宿业的其他业态。总的来看,经济型饭店市场需求显著,投资见效快,经营绩效好。

表3-1 2014中国经济型连锁酒店品牌规模30强排行榜

排名	品牌名称	所属集团	客房数	门店数
1	如家快捷	如家酒店集团	196 458	1784
2	7天酒店	铂涛酒店集团	161 739	1683
3	汉庭酒店	华住酒店集团	130 747	1226
4	锦江之星	锦江国际酒店集团	87 724	700
5	格林豪泰	格林豪泰酒店集团	81 608	906
6	莫泰酒店	如家酒店集团	52 889	378
7	99旅馆	玖玖旅馆	16 901	282
8	尚客优	尚客优酒店	16 521	301
9	布丁酒店	杭州住友酒店	15 132	207
10	城市便捷	城市便捷酒店集团	13 914	149
11	银座佳驿	银座旅游集团	13 551	141
12	海友酒店	华住酒店集团	7829	83
13	都市118	星辉盈联酒店	7667	122
14	易佰连锁	逸柏酒店集团	6681	119
15	格林联盟	格林豪泰酒店集团	6398	81

续表

排名	品牌名称	所属集团	客房数	门店数
16	驿家365	石家庄国大酒店	5232	66
17	百时快捷	锦江国际酒店集团	4816	66
18	禧龙宾馆	禧龙宾馆	4691	59
19	锐思特	逸柏酒店集团	4273	60
20	八方快捷	八方连锁酒店	3785	43
21	中州快捷	中州国际集团	3640	29
22	金广快捷	锦江国际酒店集团	3281	29
23	精通酒店	精通连锁酒店	3178	27
24	城市之家	瑞景商旅集团	3042	35
25	云上四季	如家酒店集团	3007	33
26	凯宾酒店	凯宾酒店	2882	19
27	雅舍连锁	雅舍酒店	2840	54
28	尚一特	尚一特酒店	2777	67
29	金狮100	金狮酒店	2712	20
30	方圆快捷	方圆酒店	2644	27

数据来源：中国饭店协会，上海盈蝶酒店管理咨询有限公司. 2014中国酒店连锁发展与投资报告.

经济型饭店创新了酒店消费方式，促进住宿业由传统服务业向现代服务业转型。经济型饭店以连锁经营的商业模式和科学管理的现代企业制度改变了社会低价旅馆散漫、低效、劳动密集、经验主导、独立经营的产业形象和管理方式，将现代企业管理制度引入大众住宿业，带动并引导了旅游住宿业的创新发展。国内经济型连锁饭店将标准化管理、连锁化经营、优质化服务等内容引入低价酒店的管理中，推行专业化、规范化的管理，提升了饭店的管理效率和经济效益。特许经营系统模式和品牌延伸网络模式由于其灵活的资本投资构成与标准的服务品质保证，以最小的成本保持了未来的市场，减轻了连锁经营过程中的包袱，成为经济型饭店的主要经营模式。经济型饭店同时注重硬件和软件的双向共同发展，硬件方面提供高品质的设施，软件方面有规范专业的培训，从人员的质量提高到酒店的管理和服务的提高，最后走上专业化和规范化的道路。

经济型饭店促进科技的普及和应用。在具体的商业实践中，经济型饭店还极大地促进了现代科学技术的发展，特别是信息技术在旅游业的普及和应用，现代科技对于维持和推进经济型饭店连锁企业的发展起着至关重要的作用。经济型饭店面向大众市场，其对科技的普及和应用方便了游客的出游，同时也提升了游客的旅行品质。众多的商务人士、年轻游客利用去哪儿网等搜索引擎获取饭店比价信息，并通过网络预订方式选择自己所需的饭店，在获得便捷体验的同时，也大大地提升了旅行的性价比。同时，科技对经济型饭店的经营管理、决策分析、公司治理、会员体系管理以及后台支持等均起着重要的作用。例如，如家的酒店管理系统不仅实现了信息管理系统、信息网络系统的链接，保证了预订与入住的信息同步，还建成了经营投资分析、投资的辅助分析系统、中央采购系统，并实现了IT治理，不仅保证了如家对所有门店的监管和控制，也有效地节约了如家的管理和运营成本。7天酒店集团凭借其科技和服务的持续创新，建立超过6000万的会员和后台信息化支撑体系，有效保证了1100家分店的市场推广和产品销售需求。

在投资模式和公司治理结构上，经济型饭店也引领了住宿和旅游服务业态的创新发展。经济型饭店在旅游投融资、业态创新等方面均走在了国内饭店业的前列，成为本土饭店企业发展的成功范例。如家酒店自成立以来，以创建经济型饭店连锁网络和国内最著名的住宿业品牌为发展目标，以让普通人住上干净、方便、温馨、安全的饭店，增强饭店投资者的获利能力为经营理念，从高端切入经济型饭店市场，通过品牌经营的方式投资饭店，通过特许经营、委托管理等方式，为加盟饭店提供品牌、销售、管理、培训、技术等全方位的支持，以增强其竞争力和盈利能力，在国内饭店业中创造了一个消费者信赖和忠诚的连锁品牌，为国内经济型住宿业指明了方向。2006年，如家在美国纳斯达克上市，成为国内首家在境外上市的酒店企业。此后，7天、汉庭相继上市，进一步引发了国内外资本对中国经济型饭店市场的关注，为国内饭店业发展注入了新的朝气。

（二）提升国民旅游的幸福感和满意度

经济型饭店有效满足了大众旅游时代的百姓需求，实实在在地提升了大众旅游的幸福感和满意度。当前我国旅游经济具有典型的"基数大、增长稳、人均单次消费低"的大众化特征。2013年前三季度城镇居民人均旅游花费923元，农村居民人均旅游花费499元。其中城镇居民旅游用于住宿的平均花费仅为180元左右。因此，当前旅游市场具有典型的大众旅游特征，旅游交通条件的大力改善进一步满足了国内旅游市场的需求，大量的家庭已经将旅游视为日常生活和工作中正常的调节手段和放松方式。从如家酒店集团的成功，我们就能够看出经济型饭店所蕴含的巨大市场。与此同时，国内居民的人均旅游消费还处于一个相对较低的水平，中等消费的工薪阶层构成了国内旅游的主力军。经济型饭店业态放弃了星级饭店大而全、小而全的产品结构，更加关注大众游客对住宿的床铺、热浴、网络、早餐等核心需求，特别是其"老百姓消费得起"的定价策略符合了大众旅游者的消费现状。经济型饭店的主要特征是低价、舒适、干净、实惠、便利，满足了百姓出游的核心住宿需求，使普通百姓可以以较低的价格享受优质的服务和良好的住宿体验，提升了他们的住宿品质。近年来旅游经济发展也强调"更加平稳、更加可持续"的理念，面向普通大众的发展质量和服务品质贯穿饭店发展的各个环节，经济型饭店的发展及其服务品质问题得到广泛认同。由于经济型饭店近10年来的商业努力，大多数普通游客得以用较低的价格享受标准的酒店服务，其服务品质总体上也得到了市场的认同，从而有效提升了国民的旅游幸福感。可以说，经济型饭店是"平民、平稳、平等"新时期旅游发展理念的持续践行者。

（三）成为旅游就业最大容纳器

经济型饭店已经成为旅游就业最大的容纳器。饭店行业是劳动密集型行业，据估算，星级饭店平均一间客房可以带来1到2个直接就业机会，带来10个间接就业机会。经济型饭店持续发展有效带动了旅游业对一般劳动力、专业技术人才和经营管理人才的就业现实需求，为社会创造了大量直接就业和间接就业机会。截至2012年第一季度，如家共有门店1580家，每家门店平均25人的规模，仅如家一家企业就为社会提供了39 500个直接就业岗位。由于经济型饭店专注于向游客提供核心的住宿服务，其他服务如餐饮服务、布草洗涤和建筑装修等传统的酒店服务多采取外包形式，从而为社会提供了更多间接就业机会。以1个旅游直接就业带动5个间接就业的国际经验数据进行计算，仅如家酒店集团一家企业就可以拉动237 000人就业。2012年上半年，全国共有经济型连锁酒店品牌419个,客房数837 405个,整个行业为社会提供了21万个直接就业岗位和105万个间接就业岗位。特别是经济型饭店以中、低端人才为主的就业结构,很好地契合了我国城镇化发展的趋势,为大量农村来城务工人员提供了就业机会,也为初次就业的大中专毕业生提供了大量职业发展空间。

正因如此,我国政府高度重视经济型饭店的发展、管理和服务。经济型饭店和社会旅馆承担大部分的住宿接待,为满足大众住宿需求做出了很大的贡献。经济型饭店作为一种新业态,其发展、管理和服务模式极大地促进和引领了大众住宿业的发展和提升,使我国住宿业发生了一场革命性的变化,彻底改变了大众住宿业的面貌和形象,在促进旅游业转型升级,转变人民群众的生活方式,优化传统服务业,完善企业管理制度等方面均产生了积极影响,成为世界了解中国发展的一扇重要窗口。经济型饭店发展中的业态和品牌创新,让中国本土企业第一次与国外品牌成功竞争并赢得国内外的尊重,其成功是创业热情、梦想和理想的成功,在旅游业中成功打造了"中国梦"和原创成就。

三、客观看待问题和争论

(一)科学把握发展趋势

客观看待经济型饭店发展中出现的问题和争论,科学把握经济型饭店的发展趋势。随着经济型饭店持续快速增长,媒体和研究机构开始关注其发展进程中出现的一些问题,例如清洁卫生、区域布局、增长速度、政策环境和国际竞争等。2012年11月下旬,北京等21个城市消费者协会联合发布了一项调查报告,快捷酒店六成床单、浴巾、毛巾卫生不达标,细菌总数、色污渍严重超标。此前发生的"经济型饭店毛巾门"事件曾引发广泛关注,百度搜索这一主题词,有497 000篇相关报道,引发大众对经济型饭店卫生状况的信任危机。另外,7天连锁酒店等在美上市企业,由于"水土不服"、估值下降等原因收到股东集团私有化收购要约。上述情况说明,我国经济型饭店发展得到政府和社会的高度认可,但服务质量仍需要加快提升,而企业也面临资本市场、资本运作等战略性问题。

这些问题的提出在行业和社会引起不同的反响和争论,归结起来主要有三个方面:即经济型饭店的服务品质是高还是低?经济型饭店的数量是多还是少?经济型饭店的政策应该是促进导向还是管制导向?笔者认为,社会各界,特别是政府主管部门应客观看待这些争论，通过产业政策和行政行为引导经济型饭店的持续健康发展。

(二) 加强卫生和安全工作

经济型饭店的服务品质总体上是标准规范的，但需要进一步加强卫生和安全方面的管理工作。2012年4月，经济型饭店被曝出人员招聘不严格，清洁卫生不到位，最耸人听闻的是用擦过马桶的毛巾擦杯子。"一条毛巾引发的危机"使得舆论和公众持续广泛地关注经济型饭店的清洁卫生问题，在媒体的推波助澜下，经济型饭店已经陷入一定程度上的信任危机，并可能影响政府部门关于经济型饭店发展的政策导向。应当说，经济型饭店一般与较高的服务品质相联系，其采用统一品牌与连锁化经营模式，提供标准化的住宿设施和服务，关注宾客的舒适度和满意度，产品讲求整洁、卫生、安全、方便。例如7天连锁酒店就提倡内部品质和服务的出类拔萃，其床垫、热水、毛巾都可以与中高档星级饭店媲美。近年来发生在经济型饭店领域中的"毛巾（被单）""卫生""官司""发票""火灾"等新闻事件，一方面反映了游客对住宿设施和服务项目消费升级的客观要求；另一方面也反映了经济型饭店现阶段的发展方式仍然比较粗放，在设施、服务标准操作方面尚存在一定差距，同时，对安全问题的重视程度不够，有待于今后进一步完善，特别是消防安全，这是在今后发展过程中要重点解决的问题。目前，我国经济型饭店的发展仍处于探索阶段，随着经济型饭店的快速发展，市场将进一步细分，品牌影响力将进一步扩大，经济型饭店的管理水平也将持续提升。当然，在发展过程中将不可避免存在这样那样的问题，但随着经济型饭店的日益完善和经济型饭店这一业态的日趋成熟，这些问题都将迎刃而解。

(三) 注意局部过剩问题

经济型饭店仍处于大有可为的黄金发展期，但也需注意局部性和结构性过剩的潜在问题。经济型饭店龙头企业如家、汉庭、7天在2011年大举扩张开店，门店数目剧增，但和这3家公司2010年6.93亿元的净利润总和相比，"拥有更多门店"的这3家公司2011年的净利润总和却下降到了5.953亿元，同比减少14%。2012年3月底，经济型饭店股价连续数日下跌，市场估值也出现下降，经济型饭店的运行波动，进一步引发了经济型饭店"过剩说""泡沫说"

等争论，在东部地区也出现一些案例。随着新开饭店的增多，市区经济型饭店的竞争越来越激烈。经济型饭店一拥而上的结果，引发了激烈的客源争夺，最终导致酒店入住率下降。

经过市场调查和专题访谈发现，尽管2011年以来宏观经济形势出现增速放缓的态势影响了经济型饭店业绩，但扩张仍是经济型饭店的现实策略。2012年，如家酒店集团旗下的如家、和颐、莫泰168三个品牌计划新开设330到360家酒店；7天预计2012年全年新开360家酒店，包括120家直营店和240家加盟店；汉庭集团预计至2012年底开业酒店数量会超过千家。即使出现业绩和股价双重下降局面，我们认为，经济型饭店仍然处于大有可为的黄金发展期。

1. 旅游住宿的消费需求仍有很大的增长空间

历史数据表明，国内旅游市场指标与GDP高度相关，而且发展速度高于GDP的增速。在过去20年中，国内旅游收入占全国GDP的平均比重是2.87%；在过去10年中，国内旅游收入占全国GDP的平均比重是3.04%，2011年则达到4.09%。从国内旅游收入占社会商品零售额（最终消费）的比重来看：过去20年的平均数为7.52%；过去10年的平均数是8.15%，2011年则达到10.5%。这意味着旅游业拉动内需和经济增长的潜力巨大。党的十八大确定了2020年GDP和国民收入翻一番的宏伟目标，届时，国际国内旅游总人次有望达到60亿人次左右，这将为旅游住宿需求，特别是适应大众旅游住宿需求的经济型饭店提供稳定的增长空间。

根据国务院《关于加快发展旅游业的意见》和我国旅游业"十二五"规划，到2015年，旅游市场规模进一步扩大：国内旅游人数将超过33亿人次，年均增长10%；旅游消费稳步增长，城乡居民年均出游将超过2次，旅游消费相当于居民消费总量的10%；旅游业总收入年均增长12%以上，旅游业增加值占全国GDP的比重提高到4.5%，占服务业增加值的比重达到12%。大众旅游时代的发展必将带动经济型饭店的进一步发展。2010年中国经济型饭店市场规模达180亿元，同比增长36%。其中电子商务市场规模达155亿元，占该市场86%的份额。经济型饭店市场规模仅占中国全部酒店市场规模的8.3%，远低于欧美成熟市场的60%的份额。随着旅游人次和商旅活动增加，2011年经济型饭店市场规模达260亿元。

2. 经济型饭店发展空间仍然很大

2010年中国经济型饭店市场规模达180亿元，同比增长36%；然而经济型饭店数量占我国 30 万家旅游住宿机构规模的比重还不到 3%。从国际经验来看，经济型饭店在欧美发达国家已经是成熟的饭店业态，大约占到整个饭店行业的 60%，美国为 75%。无论从产品需求还是行业结构看，我国经济型饭店还是一个新兴业态，经济型饭店在中国具有非常大的市场。据不完全统计，截至 2012 年第一季度，我国经济型饭店数量已达 8313 家，但不到中国所有酒店数的 15%。美国的经济型饭店大概 10 倍于中国，约占其所有酒店数的 75%。而中国的人口是美国的 4 倍，城镇化率已超过 45%。从这个角度看，中国经济型饭店的绝对数量不足。艺旅咨询发布的《2011 年中国经济型饭店市场研究报告》预测：未来 10 年中国经济型饭店市场至少还有 10 倍左右的增长空间。目前经济型饭店与豪华型酒店在我国的比例是 1∶7，在国外刚好相反。因此无论从产品需求还是行业结构看，经济型饭店在中国都具有非常大的市场。随着城镇化和产业化的稳步推进以及中部崛起计划，中部地区的武汉城市圈、中原城市群、长株潭城市群、皖江城市带、太原都市圈等区域的建设，将产生巨大的内生性住宿需求，这为经济型饭店发展提供广阔的空间。同时，随着自驾游市场的快速崛起，高铁、动车、高速公路沿线的二三线城市也将成为经济型饭店布局的重点。

3. 国有企业改革和饭店产业竞争为经济型饭店提供了更多的存量调整空间

在激烈竞争的酒店市场上，国有酒店的管理体制和传统酒店的产业结构使其无法适应消费需求的变迁，在经济型饭店、主题酒店、精品饭店和新创设品牌酒店等新业态的竞争压力下，无论是外显的商业能力还是内在的管理能力，都面临着变革和创新的转型要求。在此过程中，拥有品牌、技术、市场渠道和现代企业管理体系的经济型饭店集团应当、也可以发挥更大的作用。因此，随着饭店行业的竞争加剧，国有酒店因其体制原因，处于市场劣势地位，将面临着竞争、改组、兼并、破产的压力，未来改革势在必行。而根据中央"抓大放小"的经济战略，经济型饭店的改革首当其冲。大量的政府和行业招待所将走向市场，壮大经济型饭店的力量，国有经济型饭店的两权分离也指日可待。

4. 经济型饭店还有进一步细分的市场空间

目前，我国经济型饭店尽管形成了诸强领跑、多头竞争的格局，但就产品类型来说相对单一，在细分市场方面还有很大的空间。领导型的经济型饭店在市场定位、商业模式和产品组合方面一直处于相对同构的格局。从现在和未来的一个时期来看，市场细分和模式创新可能成为趋势。对于如家、汉庭、7 天等领先型酒店集团，近年来因利润空间缩小，转而谋求酒店"升级"，向中高端酒店领域拓展，开始发展400元以上的住宿市场。同时，更新的经济型饭店品牌开始进入市场，如定位于更低端的壹佰、九九等百元酒店，主打100～200元市场的布丁酒店，以及追求年轻和时尚的桔子酒店等。因此，随着市场的逐步成熟和进一步发展，国内经济型饭店行业将迎来一个新的高峰。经济型饭店在保持本业的同时，开始"向上走"，谋求中高端酒店市场，同时也出现了"向下走"，探索"既平价又时尚"的路子，以此跳出经济型饭店市场同质化的怪圈。

（四）营造有利的发展环境

经济型饭店需要更为有利的产业促进，经济型饭店的政策应以促进和放松规制为导向，同时也要引导其持续健康发展。随着经济型饭店规模的不断扩大和服务质量问题的出现，一些地区开始探讨和酝酿经济型饭店的监管措施，例如制定经济型饭店服务标准、对经济型饭店分等评级等，甚至规定酒店的房间里要有哪些设施，要达到什么样的装修标准，照明是否充足，提供哪些服务，对前台人员的在岗时间、服务态度都做了要求。宁波市《花级酒店的划分与评定》地方标准规范于2012年10月通过专家评审，对经济型饭店的硬件设施、服务质量要求和管理制度作出了明确的规定，对经济型饭店的标准化、规范化、等级化发展有一定的引导作用。2012年，宁波市花级酒店总数达到41家，其中五花4家，四花18家，三花19家。经济型饭店标准化管理已逐步成为该市行业管理的重要抓手之一。对于目前一些旨在加强经济型饭店微观管制的政策导向和行政行为，我们持相对谨慎的态度。回顾经济型饭店的创新与成长进程，主要归因于市场机制在资源配置中发挥了主导作用，因为近年来经济型饭店的发展与成功，正是由于没有太多的管制才能实现。政府的主要精力应集中于星级饭店特别是高星级饭店，以经济型饭店为代表的中低端业态创新，更多的是市场自发行为。尤其值得注意的是，政府在经济型饭店行业的宏观调控和产业引导方面不足，或者说是政府缺乏系统、有效地引导产业持续健康发展的目标、路径和具体措施，特别是对那些影响和制约经济型饭店发展潜力释放的体制机制障碍显得力不从心。同时我们注意到，政府在经济型饭店行业的宏观调控和引导发展方面着力严重不足，在现行政府宏观调控中，缺乏经济型饭店的国家行业发展政策、行业标准和基本服务规范，导致经济型饭店缺乏政府引领。

目前适应经济型饭店整体发展需求的有利政策相对缺乏，而影响经济型饭店发展和充分释放发展潜力的体制机制障碍还较多存在。例如适应经济型饭店发展的法律保障滞后，为市场提供价低质优的住宿场所可能来自旧厂房等建设物，存在产权仅有40年，消防系统难以完全达到标准，来自社区和监管部门的检查繁杂，等等。部分经济型饭店因其国有背景，在交纳所得税方面，税率比合资和外资酒店高出7.5个百分点。来自经营管理人员的访谈调研表明，政府部门办事效率低、审批周期长等原因也延长了投资回收期，造成成本资金浪费。这些对于注重成本优势的经济型饭店来说，无疑是重重障碍。显然，政府如何改变管理方式，研究、制定和实施促进导向的产业政策，从而引领经济型饭店持续健康发展，并以此建立旅游领域政府和企业的新型关系，成为亟待解决的现实问题。特别是要注重从思想、理念、价值观等方面站在国家政策层面引领经济型饭店走向未来，打造经济型饭店的"中国梦"。

四、引导行业健康发展

以促进为导向，引导经济型饭店持续创新和健康发展。做好经济型饭店这篇文章，要坚持以人为本，充实科技、人文等内涵，突出特色，打造品牌，提高服务品质。充分发挥市场配置资源的基础性作用，鼓励和支持各类资金、人才进入生活性服务业。完善相关法律法规和行业标准，积极发挥行业协会等中介组织的作用，规范市场秩序，优化服务网点布局，切实减轻税费负担，营造良好的软硬环境。服务到位才能管理到位，有关部门和地方政府要寓管理于服务之中，加强行业规划、监管、指导和协调，加大对经济型饭店薄弱领域的支持。

政府要积极营造更加有利于经济型饭店发展的社会环境，进一步释放经济型饭店的发展潜力和关联带动能力。科学认识并充分肯定经济型饭店在满足普通民众旅行住宿需求方面的基础地位，及其拉动旅游需求、带动就业和发展现代生活服务业等方面的重要作用，从政策体系和政府行为两方面大力促进经济型饭店发展。为此，需要从发展理念和产业政策等方面加以引领，将其纳入国家、地方的旅游产业和现代服务业的中长期发展规划，在更高的层面上认可其发展成就，支持饭店产业面向国民大众旅游与旅行需求的业态创新。组织编制国家层面的中长期发展规划，在政府层面明确表态承认和尊重其发展成就和重要性，旗帜鲜明支持经济型饭店的业态创新，为经济型饭店发展鼓与呼，提供相对宽松的发展环境。政府应提出全面整改中小旅馆的战略计划，这些整改中可以有政府自己出资的部分，也可有政府牵线搭桥引入企业合作的部分。日常工作中政府应重视经济型饭店发展，加强专题调研和了解，发挥经济型饭店服务百姓的功能，做好示范带动工作。

研究制定旅游住宿设施特别是中小微型社会旅馆的改进提升方案，将经济型饭店纳入到《产业结构调整指导目录》中的鼓励发展类别中，列为积极鼓励发展产业，制定优惠措施扶持其发展，如积极引导国际、国内的社会资本和人力资源投入到经济型饭店领域的创业、创新中来。提高经济型饭店在旅游和饭店产业发展中的影响力和话语权，推荐和邀请经济型饭店集团领导人进入国家和地方行业协会的决策和领导机构。政府行政主管部门、行业协会和权威研究机构要定期发布经济型饭店的研究报告，增强行业和社会对经济型饭店的了解，为经济型饭店营造更加有利的发展环境。

积极采取措施提升经济型饭店服务品质，充分发挥经济型饭店引领住宿业和生活服务业的示范作用。人民群众日益增长的旅游和休闲消费要求社会为其提供安全、卫生、质量达标和价格适中的住宿设施。从目前的产业结构来看，中低档住宿设施在满足群众旅行住宿需求方面尚存在量和质的差距。绝大多数社会旅馆、饭店、招待所在品质方面还不能有效满足广大人民群众的新需求。为此，传统的中低档接待设施亟待向经济型饭店转型，应充分发挥经济型饭店在住宿业和生活服务业方面的示范作用，积极推动经济型饭店在全国的发展与布局，将先进的现代企业管理制度、产品与服务标准、市场网络体系、连锁管理模式引入旅游住宿接待产业，推动全行业的品质提升和现代服务业升级。引导、推动和规范经济型饭店集团通过合并、收购、控股、参股等方式重组经营绩效低的部分低端酒店、旅馆和招待所，通过资产重组，优化资源配置，提升经济型饭店的整体竞争力。出台经济型饭店集团境外投资鼓励政策，在资金支持、金融保险、外汇管理、信息提供、法律援助等方面给予政策性支持，鼓励和引导有实力的经济型饭店集团"走出去"，到境外投资开店，拓展国际市场，不断扩大中国本土品牌的市场竞争力和国际影响力。

实施"经济型饭店服务品质系统提升计划"，全面提升经济型饭店服务品质。政府应积极扶持一批专业洗涤公司发展，提高经济型饭店的布草清洁度和卫生水平，完善经济型饭店的布草洗涤、人力资源培训、标准贯彻等配套体系。

引导和扶持有条件的企业通过试点形式在北京、上海、深圳等经济型饭店集中区域自建或由专业公司组建专业性洗涤公司，在土地、税收和用工等方面给予相应的政策优惠，施行前3年免税制度，鼓励其发展，推动其实施专业化管理。提高经济型饭店的服务标准，由政府或者行业协会资助，对经济型饭店的服务人员进行示范性培训，制定引导性质量规范，在此基础上强化对经济型饭店服务标准的监管工作。总结北京、杭州、成都等地的经验，明确经济型饭店的归口管理单位是各级旅游行政主管部门，由其对经济型饭店进行行业发展和服务标准的引导和指导。

统筹经济型饭店产业促进体系，优化经济型饭店的空间布局和市场结构。政府部门应对经济型饭店发展给予足够重视，对其发展壮大、地域扩张和国际扩张给予政策扶持。建议旅游、商务、国土、财政、劳动与社会保障、银行、证券等部门联合颁布《关于促进经济型饭店发展的若干意见》，给予经济型饭店发展在资金、土地、税赋、融资、人才等方面的优惠政策，将经济型饭店的发展纳入各地的城市规划、产业规划和服务业规划中，在相关规划中为经济型饭店预留发展空间。在旅游类中职、高职院校中试点设立经济型饭店管理专业，为经济型饭店的未来发展提供人才支持。

进一步用好现有的产业政策和公共服务体系。以《中华人民共和国中小企业促进法》、国务院《关于鼓励支持和引导个体私营等非公有制经济发展的若干意见》、国务院《关于鼓励和引导民间投资健康发展的若干意见》在经济型饭店的具体落实为突破口，推动相关政策支持和引导经济型饭店的发展。对经济型饭店的发展，要采取与高端酒店不同的管理办法，要以促进为主，放松管制，坚持先发展后规范的原则，尽量减少频繁检查等严管方式。在人力资源、培训、会议、"走出去"、投融资、法律援助、调研和信息咨询等方面加强对经济型饭店的支持和引导。推动成立专门的行业协会，及时发布市场信息和产业数据，理性引导不同档次、不同类型的饭店业态创新发展。尽快成立专门的政府对接机构，如连锁饭店业协会或经济型饭店协会，引导经济型饭店发展，并为经济型饭店发展提供政策性、服务性支持，从宏观上引导和控制不同档次酒店的发展。在充分调研的基础上，出台经济型饭店行业标准，通过试点逐步推广，在促进经济型饭店发展的同时逐步规范经济型饭店市场。及时发送酒店规模等方面的数据，使投资者对行业和政府态度有明确了解。

引导经济型饭店在全国均衡发展。西部市场凸显，重点推进经济型饭店投资市场西移,提供平台促进企业合理制订新一轮扩张计划。推动经济型饭店的西移和下镇计划,推进经济型饭店在中西部地区和三四线城市的空间布局。联合地方政府举行加盟投资专场说明会,增加加盟投资会的举办数量,特别要集中推介区域商圈、大学城、火车站、地铁口等地段的投资信息。

五、经典案例:布丁酒店

布丁酒店的英文名为"Pod Inn",取自苹果的"iPod",原意是指豆荚,后被引申为精巧且温馨的空间,布丁酒店的设计理念来源于此。布丁酒店推崇时尚、个性、温馨与环保并重的经营理念,坚持为顾客创造快乐、自由、时尚的下榻体验,其目标客户主体为18至35岁之间的年轻白领、商务人士及追求个性化体验的消费群体。布丁酒店连锁品牌从百元酒店的低价定位起步,在全国范围内形成快速扩张之势,目前在北京、上海、广州、杭州、西安等50多个城市拥有400多家门店,1500万注册会员。布丁酒店凭借着"快时尚"的精准定位,在竞争异常激烈的饭店行业中迅速开辟了一片新的蓝海。

(一)细分市场,创造客户

布丁酒店的创始人朱晖是以"速8"加盟商的身份进入连锁经济型饭店行业的。2006年后随着如家的上市,经济型饭店快速进入一片红海,市场上同质化竞争的严峻态势让朱晖一直有种危机感,饭店行业多年的从业经验也让他意识到只有对市场进行更精确的细分,目标客户主体定位才能更明确,服务内容才能更契合客户的需求,才能获得竞争优势。当更多的经济型饭店选择"向上走"、纷纷抢滩中端饭店市场时,公司决定"往下"探索,另辟蹊径,布丁酒店因此诞生。布丁酒店的市场定位与如家、汉庭、7天等经济型饭店主要服务于商务人士不同,布丁瞄准的是追求时尚并且对价格敏感的年轻消费群体。这个群体有四个特点:第一,生于、长于互联网时代;第二,爱玩,新潮,理性;第三,对房间面积并不是特别在意;第四,可以接受新品牌。布丁酒店采用"低价不低档"的经营思路来吸引这部分消费群体。

精确定位和细分客户也为布丁酒店的成本控制带来了更大的发挥空间。首先与其他经济型饭店不同的是,布丁的门店并不是开在临街,而是在价格相对便宜的"第二条街",也更加倾向于把店开在大学城附近;其次,在经济型饭店的基础上继续做减法，布丁酒店客房面积通常是 8 平方米至 12 平方米，是一般国内经济型饭店客房面积的 1/2；另外布丁酒店很少配套停车设施，同时也是国内首家不提供牙刷、牙膏等六小件的环保型酒店。

（二）独特设计，锁定客户

"锁定客源，控制成本"，布丁酒店围绕着目标市场的需求特点设计产品。为了更好地满足目标市场追求个性、时尚、新鲜的诉求，首先在空间设计上就对时尚元素进行了全新的诠释。布丁酒店没有富丽堂皇的大堂，没有豪华奢侈的客房，而是以跳跃的色彩、律动的潮流音乐以及宜家风格的家居设施来营造出时尚且富有品质的生活体验氛围。其次，针对年轻消费者对科技和互动交流的需求，在大堂里配置最新款的苹果宽屏电脑，提供 DIY 的手工制作品、Skype 全球免费电话、自动贩卖机、美国波普风格的墙绘及互动留言墙。考虑到目标市场对互联网的需求，布丁酒店在产品设计上的创新成果引领了很多行业第一：布丁酒店是第一家免费高速 Wi-Fi 全覆盖的经济型连锁酒店；第一家使用 NFC 技术自助 Check-in；第一家与微信合作，提供微信订房功能；在百度地图上第一家上线集团直销；第一家上线提供支付宝钱包公众账号服务等。

此外，适度消费、环保意识强也是布丁客户群非常重要的特征。布丁酒店推出"低碳护照"的活动，如不使用一次性用品、连续 3 天不换被套等，每一个环保行为都可兑换一个专属环保图章，集成一定量图章后可以换 iPad 等大奖，以此鼓励消费者践行低碳生活方式。良好的客户体验，为布丁酒店带来了极高人气。布丁酒店的出租率超过 90%，这一数据远超行业 80% 的平均水平。

（三）深度营销，经营客户

精准的市场定位和独特的产品设计为布丁品牌的树立奠定了牢固的基础，而创新的营销方式又使布丁品牌的传播产生了意想不到的效果。

由于定位年轻群体，因此在营销手段上也要考虑到年轻人的媒体使用特点。布丁酒店与淘宝、腾讯、人人网、蘑菇街、凡客等建立合作营销关系。例如布丁酒店针对大学生市场在人人网进行的"招新季"的活动，上线仅一个月，就吸引了 10 万个会员。

布丁酒店通过分析客户群体住店以外的行为特点进行跨界联动营销，比如通过客户的线下刷卡，发现客户中持卡量比较大的是招商银行、中信银行，这些数据分析指导了布丁酒店异业合作的方向，如与招商银行合作发行联名卡，进行优惠互换。比如网站的数据分析显示演唱会和周边的酒店住宿量之间有很强的正相关性，所以布丁酒店在演唱会之前就做好周边酒店的营销计划；一般客户都会先订机票再订酒店，那么根据商旅网站的机票预订情况，就能大概地分析出未来一段时间内的酒店需求趋势。

全链条营销，培养顾客的忠诚度。布丁酒店的客户营销策略从预订行为开始，分析出客户主要是从官网、外部OTA和百度搜索引擎进入的，这为此后的针对性营销了做好准备；客人进入酒店后，与客户信息绑定的会员卡和房卡显示了客户所选择的房型，信息不断积累就会分析出某一客户的住宿偏好；当客户使用会员卡在酒店商店内消费时，又能收集到其消费行为信息；而在其退房之后，布丁酒店的"宾客服务中心"则会跟踪反馈客户消费体验后的信息（比如微博上的评价监测），再进行客户的电话回访。

（四）移动互联、创新体验

"85后""90后"是互联网的原住民，如何充分利用互联网为顾客服务好是酒店在营销层面需要思考的重要问题。布丁酒店是业内最具创新精神和移动互联基因的酒店品牌，2007年布丁酒店成为第一家全连锁免费覆盖Wi-Fi的经济型饭店；2011年7月，布丁手机APP 1.0版正式上线，截至2014年11月，移动端预订已占在线订单的70%；2012年11月，成为第一家与微信系统直连的生活服务类商家，实现微信酒店预订，布丁酒店充分利用微信的社交化功能，与用户做朋友，"放开那妹子，她是前台""419，阿布失恋了"等微信营销案例成为行业经典；2013年11月，第一家上线百度、高德地图直连预订；2013年11月，第一家上线支付宝钱包公众账号；2014年3月，第一家上线小米超级电视酒店预订，用户通过电视可以直接进行酒店预订，随后，阿里云电视、乐视电视等酒店预订也相继上线。2014年，布丁酒店获得由行业资深媒体《环球旅讯》专家团评选出的首届饭店业创新营销大奖，布丁酒店的微信号获得年度最佳微信运营公众号。

（五）品牌延伸、拓展客户

布丁酒店以其差异化的发展路径相继获得了富达投资、君联资本、KTB、摩根凯瑞、建信投资等5家投资机构5500万美元的资金注入，还得到了杭州银行提供的 3 亿元的授信额度。资本市场的青睐为布丁酒店在全国范围内进行扩张提供了发展动力。酒店创始人朱晖表示，酒店未来三年内将会保持以每年 100 家的增长速度进行扩张，直营店和加盟店数量的比例将保持在 1∶1。

从区域扩展层面来看，2014 年 8 月 8 日，布丁酒店美国洛杉矶店正式开业，作为第一家进入西方酒店市场的中国经济型连锁酒店品牌，具有里程碑意义，表明了拥有布丁酒店品牌的住友酒店集团（布丁酒店母公司）已成长为具有走向海外实力的中国酒店管理集团，中国酒店管理集团已开始向饭店业最发达国家输出品牌、管理。布丁酒店在中国扩张的重点区域仍集中于经济较为发达的一二线城市，因为这些城市的市民观念更加多元化，布丁酒店的目标客源也就更多。

从品牌延伸层面来看，住友酒店集团针对中高端人群延伸出一个全新的酒店品牌"智尚"（ZHotels），ZHotels 智尚酒店是以时尚、科技、健康为主题的新概念酒店品牌，酒店由国内知名设计师及数码达人联袂打造，专为年轻、睿智、充满活力的城市商旅者及新探索者提供时尚潮流且富有科技感的休息体验，ZHotels 智尚酒店的出现表明布丁酒店已经开始由规模扩张迈向多品牌扩张。

第四章
中端饭店加速品牌创设

一、概念界定

中端饭店是有限服务酒店，一方面是相对于剥离非核心功能、用较低价格为消费者提供有限客房服务（床+卫浴）的经济型饭店，另一方面是相对于设施完备、服务全面，但价格昂贵的高端酒店而言。中端饭店的市场出发点在于：在客房服务的基础上，通过配置或改善消费者比较关注的服务及设施，为商务出行或家庭出游为主的消费群体提供性价比及舒适度都相对较高的住宿产品。

中端饭店以中高层消费人群和商务旅游人士为目标市场，提供高品质的酒店设施（不一定是样样俱全）、个性化服务、温馨的氛围和与众不同的文化格调。中端饭店的功能布局出于最基本的旅行生活需求，但同时更强调真实而人性化的酒店环境、更高品质的产品及文化品位。

我国本土中端饭店品牌的推出，多是建立在经济型饭店获得一定成功的基础上的。例如锦江都城、和颐、全季以及铂涛系列品牌，即使是桔子和维也纳早期的产品也基本是经济型的价格。在经济型饭店领域所取得的成功发展经验，能否快速地嫁接到中端饭店领域，这取决于多重因素，如新品牌定位是否准确，其价值理念能否引起消费者的共鸣，是否正中消费者偏好或引领消费趋势，原有会员黏性和忠诚度如何，能否顺利转换为新品牌的忠实客户等。一般经济型饭店的客户忠诚度很低，极易受到价格优惠的诱惑而转换品牌。

中端饭店品牌的共通点是提供有限服务，聚焦顾客核心需求，满足顾客核心体验诉求。准确定位，确定独特的差异点，为顾客提供购买该品牌的理由，是每一个中端饭店品牌面临的首要考验。如果说各经济型饭店品牌为了降低成本、提升效率，尽可能的标准化，导致各品牌基本千篇一律，那么中端饭店品牌则需要尽可能地呈现其差异化和展示其个性。就这一点而言，在经济型饭店领域取得成功的经验在中端饭店领域可能并不适用。

好在本土中端饭店的品牌定位基本形成了自身特色。维也纳酒店集团旗下的维也纳和维也纳国际以西式装修风格、健康美食和音乐艺术元素凸显特色；

锦江都城多选择具有历史文化底蕴的建筑为酒店物业；谭阁美是面向国内市场的时尚智能饭店，目标客户以"小白洋"（即年轻、白领和时尚）为主；桔子酒店集团旗下的系列品牌以具有现代、另类设计感的设计师酒店在业内知名；君澜酒店集团旗下的君亭酒店定位为非完全服务的城市精品设计酒店；和颐、全季则定位为有限服务商务酒店。但强调差异化也并非要与竞争者决然不同，适当具备某些和竞争者品牌相仿的联想，可起到弱化竞争对手差异点的效果。

二、发展背景

近年来，得益于国民消费力的提升和消费需求的驱动，中端饭店品牌如星星之火，已呈燎原之势。

（一）中端饭店市场需求巨大

随着中产阶层的崛起，市场对中端饭店的需求更加旺盛。中国旅游研究院的调查数据显示，25%的国内过夜游客和40%的入境过夜游客在旅游住宿产品上更愿意选择中端饭店。以2010年为例，入境过夜旅游者为5566万人次，国内过夜旅游者达到3.15亿人次（国内旅游者21亿人次，按15%的过夜率计算）。以此比例推算，2010年中端饭店的市场规模超过1亿人次，2014年，中端饭店的市场规模将达到1.5亿人次。

（二）商务和政务客人对中端饭店需求旺盛

星程酒店对100家企业调查结果显示，70%以上的外资企业每人每天差旅费预算在300元至400元之间，民营企业的预算较低，每人每天在200元至300元左右。随着国家对公务员、事业单位和国企出差标准的严格执行，他们的消费额度也基本落在中端饭店区间，政务客人将是中端饭店的另一较大潜在客源市场。总体来看，商务和政务客人对住宿的要求普遍较高，前几年蓬勃发展的经济型饭店和传统的三四星级饭店已不能满足其需求。

（三）契合市场需求的中端饭店短缺

传统意义上的中端饭店大多为全面服务型饭店，功能小而全，品牌定位模糊，长期以来没有变化，更没有创新，特别是对中端旅游与旅行者的核心住宿需求关注不够。加上这类饭店多为单体运营，管理专业化程度相对较低，现代饭店发展所需要的专业技术人员、专业管理人员、职业经理人和投资创业团队的数量和质量更是远远未达到变革和创新的要求。

（四）中端饭店有着广阔的市场空间

事实上，对具有成本意识的商务和休闲旅行人士来说，与那些提供全方位服务的高档饭店相比，中等价位的品牌饭店已成为极其诱人的替代选择。特别是中国和印度等市场的新兴中等收入阶层人士已经成为中端饭店品牌的主要推动力量。可以说，在国民旅行者和入境游客的双重推动下，市场已经对优质的中端饭店发出了极为明显的消费需求信号。

三、品牌创建与发展

中央"八项规定"和"六条禁令"颁布之后高端酒店发展受阻，经济型饭店市场趋于饱和，为中端饭店发展提供了前所未有的机遇。

图4-1 主要中端酒店品牌

（一）主要品牌

目前，本土中端饭店品牌先行一步，暂时处于领跑位置，但国际酒店集团已经开始发力中端饭店，未来本土中端饭店集团能否复制之前本土经济型饭店占据主导地位的辉煌还是未知数。但不论本土还是外资品牌（见图4-1），百花竞放，才能为消费者提供更多选择，创造更多价值。

目前全国中端连锁饭店共有649家，客房数97 439间，主要品牌48个。排名前十位的中端饭店品牌（见表4-1）中，维也纳酒店以133家门店、22 140间客房数稳居第一，占有22.72%的市场份额。除排名前十位中端连锁饭店品牌外,以设计为特点的桔子酒店、世界知名连锁酒店品牌诺富特等也是中端饭店市场的重要组成部分。

表4-1 全国十大中端连锁饭店(开业数量)

品牌排名	品牌名称	所属集团	客房数	门店数
1	维也纳	维也纳酒店集团	22 140	133
2	全季酒店	华住酒店集团	9106	68
3	星程酒店	华住酒店集团	4959	46
4	山水时尚	中青旅山水酒店	4714	35
5	锦江都城	锦江国际酒店集团	4333	30
6	富驿时尚	富驿酒店集团	3479	30
7	和颐酒店	如家酒店集团	3258	18
8	南苑e家	南苑控股集团	3076	32
9	首旅京伦	首旅集团	2603	8
10	君亭酒店	君澜酒店集团	2105	11

资料来源:中国饭店协会,上海盈蝶酒店管理咨询有限公司. 2014中国酒店连锁发展与投资报告.

桔子酒店集团是国内知名中档设计师酒店集团,旗下包括桔子水晶酒店、桔子酒店·精选和桔子酒店三个品牌。桔子酒店的市场定位主要是做二三星酒店市场,甚至是准四星。其中,桔子水晶酒店面向中端偏上市场,除了营造现代、另类的设计感之外,酒店为旅客提供高水准客房设施;桔子酒店·精选面向中端市场,客房设施接近桔子水晶,价格低于桔子水晶;桔子酒店面向中端市场,提供一种预算内的小小奢华。桔子酒店的形象体现在其设计风格的与众不同:简约、时尚。桔色酒店的楼体外观和聪明伶俐的桔子人在户外视野中格外醒目,而内部的大堂、走廊、房间设计等都尽可能保持原汁原味的美式格调,榻榻米式客房,错层复式的套房,打掉几层楼板的挑高酒店大堂,全透明的玻璃走廊幕墙,以及集中世界各地著名的黑白水墨壁画,力求带给客人"不仅干净、温馨,更富情调和创意"的入住体验。

星程酒店联盟致力于中端饭店市场,选择符合星程软、硬件标准的三四星级优质单体酒店,注入现代管理、顾客服务及品牌经营理念,在客房空间、睡眠体验等设施及服务方面提升了标准,同时又具备极佳的性价比,从而区别于高档酒店与经济酒店市场,打造中端连锁酒店名牌。

(二) 发展模式探索

中端饭店品牌正在探索适合自身的发展模式。如锦江都城将白玉兰、商悦、青年汇以及新收购的时尚旅等中端饭店品牌都整合到了锦江都城体系。这一点与铂涛酒店集团所采取的中端饭店的多品牌策略完全不同。铂涛酒店集团创造了品牌架构师这一新职位,一次性推出了三个中端饭店品牌。对于中端饭店的界定,结合硬件设施、软件服务和平均房价来综合判断的话,铂涛酒店集团号称的高端品牌铂涛菲诺,可归类为高级中端饭店品牌。桔子酒店集团在发展过程中根据市场需求渐进推出了桔子酒店、桔子水晶酒店和桔子酒店·精选三个品牌,用前述三要素判断,应该说三个品牌分别定位于中端饭店里的高、中、低三个档次。星程连锁酒店号称非标准中档连锁酒店,依靠统一预订系统,与单体酒店以战略联盟的方式进行连锁化发展。为实现顾客对品牌共鸣,让顾客达到行为上的忠诚和态度上的依附,需要在社区归属感上下工夫。维也纳国际、锦江都城和铂涛ZMAX品牌都在致力于打造时尚社交新酒店生活方式。除了线上的网络虚拟社区,将酒店本身打造为一个线下实体社交平台,让顾客基于品牌而相互之间形成关联,将有助于顾客形成品牌社区归属感,产生积极的品牌态度和意向。

国际酒店管理公司开始发力中端饭店。多数国际酒店集团的中端饭店品牌在发展规模上是居于主体地位的,但国际酒店集团进入中国市场后,此前一直着力于发展高端酒店品牌,无暇顾及中端饭店品牌的发展。随着高端酒店市场景气度下滑,他们开始关注中端饭店这一充满潜力的市场。现在已进入中国市场的外资中端饭店品牌也不少,如洲际集团旗下由快捷假日酒店品牌更名的智选假日品牌、喜达屋酒店集团旗下的雅乐轩、雅高酒店集团旗下的美居酒店、卡尔森酒店集团旗下的丽柏以及希尔顿旗下的希尔顿花园等。一些在国际上定位中端饭店,但在国内升级为高端酒店的品牌,如华美达未来在中国可能会以中端饭店的面貌回归。

本土中端饭店品牌只有走得稳健,才能走得更远。品牌是过去的倒影。酒店集团每年在营销、产品和服务提供上所花费用,可视之为在顾客的品牌认知和品牌体验上进行投资。通过妥当设计和执行,在顾客心智中产生正确的品牌知识结构，为顾客创造价值并在消费者心中留下记忆，可积累大量的品牌资产。未来提升品牌影响力是关键，消费者的品牌信念和品牌态度决定了品牌的真正价值及其未来前景。中高端酒店品牌的声誉需要较长时间的培育，因此很多基础性工作必须做扎实，切不可为规模而急于跑马圈地，否则大火可能会危及自身。

四、发展创新

在体验经济时代下，人们的消费观念不断更新，消费需求不断升级，对产品或服务的个性化时尚体验的追求更加鲜明，使得酒店也从最初的功能性消费满足向追求提供超值的住宿体验需求转变。中端饭店摒弃星级饭店的"大而全"以及经济型饭店"千店一面"的市场现状，以其独特的设计感和体贴的服务，致力于为顾客创造一种特有的生活方式体验，得到越来越多人士的青睐。

（一）定位主题化

中端饭店以富有创意的主题定位作为切入点来塑造企业整体形象，如亚朵酒店定位为"人文精品饭店"，主打千册图书免费阅读、人文摄影欣赏等元素；全季酒店富含禅意的整体设计风格体现了品牌所倡导的"回归初心"的健康生活方式；喆·啡则是强调以咖啡文化为主题；丽枫和潮漫分别以亲近自然与个性化娱乐为卖点；铂涛集团主打智能社交的ZMAX潮漫风尚酒店等。

（二）围绕顾客需求设计产品

中端饭店并不是一味地在房间内堆砌硬件设施，而是把价值直指目标客户的核心需求点，如桔子酒店在创立之初就以其时尚、艺术化的设计来体现个性化特色，强调设施的高品位和细节的完美。维也纳酒店打造"五星体验、二星消费"的商业模式，将客户体验的核心功能做到极致。Zhotels智尚酒店是以时尚、科技、健康为主的新概念酒店品牌，将现代科技运用和时尚优雅的酒店设计进行完美融合，宾客走进客房，通过房间内的二维码扫描进入Zontrol手机客户端，从照明、温度、窗帘控制、无线网络和娱乐中心屏幕，都可以一手掌握。现代网络技术与酒店传统服务的完美融合，更好地满足了新一代消费群体的网络消费需求。

（三）创造更多附加价值

中端饭店在做减法的同时，也在依据自身的品牌定位，延伸产品，为顾客提供更多的附加服务，探索出一种以核心功能产品+独特体验产品为主的发展模式，让客人在消费享受核心产品的高附加值服务的同时，又能享受到一种与众不同的生活体验，如尚客优新推出的精选酒店倡导的是"住宿+24小时餐饮连锁酒店新标准"；亚朵酒店推出的"移动图书馆"，客人无抵押免费借阅书籍等；上海康定路汉庭全季酒店设有商务会所，提供现磨咖啡，楼层增加私密小酒吧，投币式资助洗衣房，免费健身房等设施，让顾客在省钱的同时，也能体验到高星级饭店所具有的便捷。鉴于部分商务人士因经常出差，但又不习惯当地的饮食风格，长期下来有损身体健康，全季认为配有小厨房（有简单炊具）的中端饭店将会更受欢迎。

（四）跨界成为发展新方向

中端饭店在探索创新之路的过程中，寻找到一条跨界合作的发展之路。一方面，将酒店的建设与设计和文化、艺术融为一体，产生了设计酒店，如桔子酒店定位于设计师饭店，饭店设计强调现代感和科技感；ZMAX潮漫风尚酒店定位于智能社交，通过举办主题派对的形式吸引了更多潮人的关注；全季酒店联合星空传媒正式推出国内首家全季·好声音主题酒店，主打粉丝产品等。另一方面，饭店业的跨界营销为顾客带来了新的入住体验，如微信、微博、二维码、社交网络等移动互联网新技术在酒店营销中的应用；有些酒店推出的微信订房，直接接入预订系统，并能根据地理位置进行精准营销，受到消费者的欢迎。

面对市场需求的不断变化，只有创造出更具特色的个性化产品才能更好满足顾客的体验需求。毫无疑问，中端饭店的未来发展方向必须走差异化的特色之路，找到自己的独特标签，才能更好地立足于未来市场。

五、发展趋势

中国旅游研究院研究数据显示，2011年中国全部三、四星酒店中，连锁酒店仅占市场的2%。市场竞争主体由大量传统单体酒店构成，市场品牌分散，集中化程度较低，中档连锁酒店存在着巨大的成长与整合空间。从整个行业的角度来看，中端饭店的起步时间比较晚，发展还不成熟，目前仍处于起步阶段。消费者出游已经冲破了传统的以经济为主的观念，而更偏向休闲与享受，尤其是商务出行以及家庭出游的消费者对酒店的选择都开始越来越注重质量优势而非价格优势。随着经济的发展，中高层消费人群不断壮大，中国的中端酒店市场2007—2011年均增长13%。这都为中端饭店在国内市场的开拓发展提供了广阔的空间。由高端星级饭店与低端经济型连锁酒店主导的"哑铃型"结构正在发生改变：各路资本与企业纷纷转战中端饭店市场，一个中端饭店突破与创新发展的新时代正在逐渐到来，"橄榄型"结构将有望成为中国饭店业新格局。

（一）中端饭店连锁化经营

类似于经济型饭店在过去几年的发展轨迹，中端饭店市场中单体酒店数量将大幅度减少，单体店要么被淘汰，要么加盟已有的中端连锁饭店品牌。预计在5～10年内，国内将出现若干大型中端饭店连锁集团。

1. 结合顾客需求的产品定位

中端饭店在强化自己的核心产品之外，必须要创造商旅生活的另一种空间，让客人在享受核心产品的高附加值服务的同时，能享受另外一种与众不同的空间感觉。这个空间必须让消费者乐于体验，可能是健身房、书吧、茶社、影视社交区或者其他任何一处能迎合消费者在"醒着时"优雅地打发闲暇时光的专属区域，也许一处即可。

创造商旅基本需求以外的第二项优质产品要素。如果说"睡眠、早餐、商务设施、卫浴"等是酒店基本产品要素，那么中端饭店还必须具备第二项优质产品要素，创新的餐饮产品和健康相关的附加服务等或许是突破口。创造一项多元素的人文体验，将设计感、本土文化、环境友好等要素融入产品，并让客人体验到。或借助技术或流程的创新，提升服务质量，从无服务、快捷服务跃升至"殷勤、友好的待客之道"。

2. 加盟业务的选择

中端饭店连锁模式大致分为两种：一种是品牌加盟模式，以华住星程酒店为代表，采取输出品牌、客源、营销等服务，酒店方保留自主经营权；另一种是直营为主的品牌，以华住全季酒店为代表。加入品牌和连锁经营是单体酒店比较容易采取的办法，可以完成单体非知名酒店向品牌知名酒店的转变，并得到会员体系和分销体系、共享客源和渠道，得到整体营销策划和推广，得到基于目标顾客需求分析的品牌特征和标准体系，得到营运指导、培训、集团采购等。取得集团化的平台支撑是中端饭店提升经营水平的关键。

3. 发展直营店的困惑

直接发展直营店速度较慢，并且对资金需求量大。对于中端连锁饭店品牌来说，直营店是为了树立品牌标准和市场形象，最后肯定会以加盟的模式成为实现规模扩张的最佳方式。中国饭店行业的基本国情是越往高端走，越不适合用购置物业或租赁物业经营酒店的模式。

4. 股权结构安排

如果内部有国有股权或非核心经营团队控股情形，股权结构就相对复杂，不利于公司再融资和持续发展，再融资时可优先考虑国有股权退出。如果内部各门店有松散型的个人股东情形，如能优先考虑退出，就有机会引进战略投资者，保留核心团队持股，寻求知名品牌合作机会，实现强强联合。

5. 上市与并购的机会

连锁酒店餐饮类上市公司，A股市场屈指可数。虽然2012年发布《关于餐饮等生活服务类公司首次公开发行股票并上市信息披露指引（试行）》，但整个饭店业目前来看盈利能力一般，持续成长性不强。股权结构不合理，另外税收、社保、合同等方面不规范，由此决定此类公司要么不规范，要么担心规范的成本太高，IPO的难度比较大。

不过对于赢利能力较好，有全国性题材，靠规模上市的优质中端连锁酒店IPO或许有一定的机会，但对大多数单体中端饭店品牌来说IPO可能性不大，资本退出要寻求别的出路。在中端饭店市场，竞争主体由大量传统单体酒店构成，品牌集中度极低，这使连锁品牌拥有巨大的成长与整合空间。这就需要下大力气研发中端饭店的产品创新和投资运营模式，在试点的基础上，通过收购兼并、委托管理或连锁加盟等方式实现对现有存量资产的有效整合。

（二）两端齐发力中端饭店市场

高端饭店品牌和经济型连锁饭店，已开始积极发力中端饭店市场。雅高、洲际、希尔顿、雅阁等外资酒店集团以及开元酒店、首旅集团、君澜酒店等国内酒店集团已关注到中端饭店市场的发展前景，开始剑指中端饭店市场。如诺富特、假日酒店、希尔顿花园、澳斯特等外资品牌和开元·曼居、谭阁美、君亭等国内品牌已经在全国展开布局。

经济型饭店品牌也纷纷转移市场，加快中端饭店的布局。其中，汉庭的全季酒店已落户 11 个城市，共开设 27 家门店。如家旗下的和颐酒店和莫泰 168 则分别在全国拥有 4 家和 316 家门店。2012 年 5 月，汉庭收编星程，对公司的发展做出调整，大力发展中端饭店品牌，目前已经发展至 110 家联盟店。锦江股份在收购时尚旅酒店后，加大了对锦江都城的投入力度。铂涛酒店集团也正式进入中高端饭店市场，推出迷你五星级饭店，包括铂涛菲诺酒店、丽枫酒店、喆·菲酒店、Zmax 潮漫风尚酒店和希安 5 个中端酒店品牌。

（三）PE 开始关注中端饭店

自 2010 年起，饭店行业投资热度逐渐退却，投资机构纷纷降低了对饭店业利润的预期，并开始大范围缩减在该行业的投资。2012 年，PE 机构重新掀起投资饭店行业的高潮。在本轮风投浪潮中，各大 PE 转向中端饭店（见表 4-2）。2012 年 4 月，Gaw Capital Partners 及资本策略地产所管理的基金以 23.68 亿元的高价从领盛投资管理手中夺得香港诺富特酒店的 100% 股权，成为香港 11 年来最大型的单一酒店物业成交案例；6 月底，富达投资、君联资本、KTB、摩根凯瑞资本以及建信资本，向布丁酒店连锁联合投资 5000 万美元；7 月，桔子酒店引进了全球 PE 巨头凯雷投资集团的巨额投资，凯雷投资宣布注资桔子酒店集团，旗下凯雷亚洲基金 III 将通过投资桔子酒店母公司，获 49% 控股权，成为最大股东。

表 4-2　资本市场关注中端酒店

融资方	投资方	金额	类型	时间
锦江股份	弘毅资本	15 亿元（12.43%）	股权投资	2014 年 6 月
时尚旅	锦江股份、锦江都城	7.1 亿元	并购	2013 年 6 月
桔子酒店	凯雷集团旗下凯雷亚洲基金	1 亿美元	PE-Buyout	2012 年 7 月
时尚旅	北京旅游	9700 万元，并以现金形式增资 2 亿元	并购	2011 年 10 月
维也纳酒店集团	美国私募基金奇力资本基金	2000 万美元	—	2010 年 8 月
桔子酒店连锁	台湾福华大饭店、TD 基金、中信国际资产管理公司等	2000 万美元	—	2008 年 9 月

续表

融资方	投资方	金额	类型	时间
汉庭酒店集团	—	5500 万美元	—	2008 年 7 月
维也纳酒店集团	软银赛富	2000 万美元	VC-Series A	2007 年 11 月
汉庭酒店集团	鼎晖创投、成为基金、IDG-Accel 中国成长基金、北极光创投和常春藤	8500 万美元 4100 万美元	VC-Series A	2007 年 7 月
桔子酒店连锁	福泰酒店集团、DT 基金等	1000 万美元	天使投资	2006 年

六、经典案例：维也纳酒店集团

维也纳精品连锁酒店创立于1993年，是全球首家以"音乐艺术"为主题的连锁酒店。自创建以来，维也纳便树立了"创世界品牌、立百年伟业"的宏伟愿景，以塑造属于中国的世界顶级酒店民族品牌为己任，全力打造一个以快速成长和锐意创新为导向的全球化精品商务连锁酒店集团（见图4－2）。

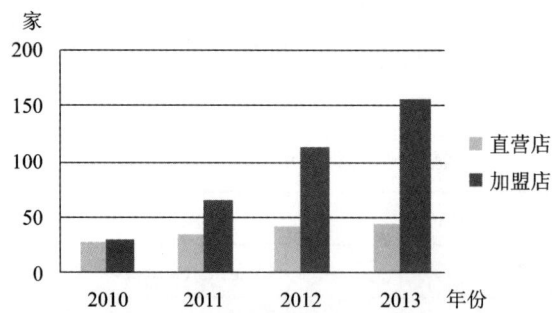

图4－2　2010—2013 年维也纳酒店规模增长图

资料来源：维也纳酒店官方网站。

（一）建设新的品牌体系

为实施集团"百城千店"的品牌发展战略规划，落实集团"助眠度全球第一"的全新品牌定位，维也纳酒店集团对旗下品牌进行了重新定位与优化。基于维也纳企业多年的品牌沉淀，进行发散拓展，以维也纳+名字+酒店的品牌命名组合形式（见图4－3），能够良好承接维也纳企业品牌的知名度与维也纳企业品牌的黏性,以便于推广。从酒店品牌命名直接进行酒店档次及等级的区隔,对消费者能产生最直观的品牌感受。

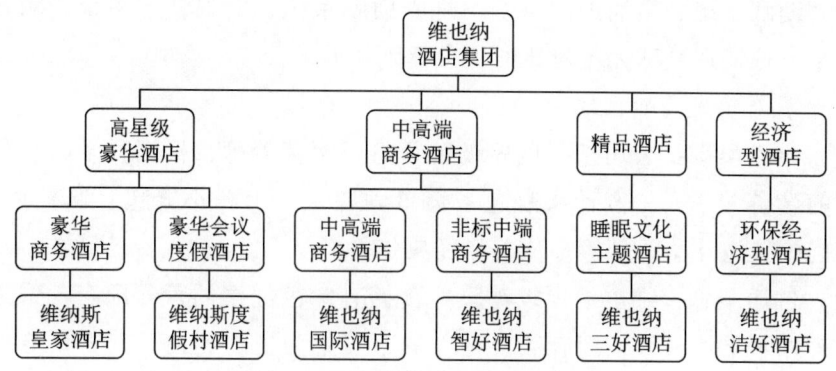

图4-3 维也纳酒店集团品牌概况

其中维也纳国际酒店锁定中高端商务酒店市场,是集团核心业务,以健康美食、经典艺术、智能化为产品设计理念,为宾客提供超值、安全、美食、艺术、健康、环保的入住体验,必配备五稻香大酒楼或健康美食汇等。

维也纳智好酒店为非标中档商务酒店,是集团重点业务,锁定中档商务酒店市场,强调以经典、高品质非标为产品理念,致力于为客户提供高品质的酒店产品和周到的服务,以"五星体验、二星消费"为价值主张,让宾客深切感受物超所值,要求可配备五稻香大酒楼或健康美食汇等。

维纳斯度假村酒店为公司新创设的高端品牌,定位为全球顶尖美食会议度假饭店,五星级或以上。酒店位置毗邻旅游景区,适合旅游休闲度假,以顶尖美食、休闲度假、高端会议为特色,配备大型会议室、全球顶尖美食、咖啡馆、大堂吧等。

维也纳三好酒店为转型而来的主题酒店,定位于睡眠文化主题精品饭店,以九大助眠系统为支柱,突出打造别具一格的睡眠文化主题精品饭店,致力于为宾客铸就全球顶级的睡眠产品,成就宾客高质量的深度睡眠,可配备五稻香大酒楼或健康美食汇等,未来将作为集团重点发展业务。

(二)推出六大关键服务价值

1. 十大助眠系统

维也纳酒店独创全球助眠度第一品牌,与中国睡眠协会、中国营养协会、催眠大师及音乐大师等世界级专业助眠专家，联手研发推出十大助眠系统，涵盖保健助眠舒适床垫系统、12类枕头系统、音乐助眠系统、按摩仪助眠系统、有机饮品助眠系统、精油助眠系统、灯光助眠系统、助眠食谱系统、隔音静眠系统，全方位铸造全球无与伦比的顶尖睡眠体验。

2. 早餐及顶尖美食系统

（1）自助早餐：公司携手世界级厨师与资深营养师，根据科学膳食配以天然美味的营养早餐——蜜汁叉烧包、爽口马蹄饺、上海小笼包、飘香榴莲酥、皮蛋瘦肉粥及豉汁蒸凤爪等多款美味经典佳肴。

（2）健康美食：维也纳顶级健康美食拥有绿色健康的营养配套，采用深海海鲜、鲜榨水果饮料等，拥有数百种以健康养生为主的美食，其中仅养生汤就有20多种。

（3）养生美食：依循中华五千年的传统养生之道，巧妙利用自然食材，走遍南北撷取营养美食独方秘诀，独家研制出300多种具有理疗功效的健康美食。

3. 国际卫浴系统

维也纳酒店独家配置浴室3秒速热沐浴系统，24小时恒定的供水系统，保证每个房间可以全天候永不间断地提供稳定恒压的速热淋浴服务。

洗浴空间内的花洒，独特的手持麦克风式的设计曲线结合全铜工艺，不仅造就了光滑触感，保证了水质无铅安全，更创造出最贴近自然的水流设计，完美还原自然界的水流。

独特的自洁硅胶出水孔，在恒定水压的作用下出水细密有秩，甚至每一颗水珠的大小都可以保持惊人的一致，配合精工花洒的内部增压设计，形成独特的水力按摩效果。

4. 极速无线Wi-Fi系统

维也纳酒店内免费Wi-Fi网络全覆盖。无论客人处于酒店的任何角落，从电梯、楼梯到卫生间，Wi-Fi信号无死角，为宾客提供畅通强劲的Wi-Fi信号。而特有的一键Wi-Fi功能，随时实现极速网络冲浪，畅享沟通无界的网络平台。

5. 23年零安全事故系统

全方位的电子监控和24小时安保巡逻为每一位宾客保驾护航。不管宾客在客房的哪个角落，特备的保险箱和五星级的消防设施都为宾客扫除后顾之忧。

维也纳酒店的每一位员工都将先进的危机预防、突发事件预警与处理机制视为己任，当宾客结束旅程离开维也纳酒店时，其个人入住资料，都会永久由维也纳酒店代为保管。如此贴心周全，创造了23年零安全事故的纪录。

6.10分钟满意服务系统

从接待宾客开始到客房服务的任何意见，酒店都会在第一时间传递至相关部门，并在10分钟内作出十分满意的答复。

零押金入住：每次入住，至尊会员宾客都可以享受无押金入住，并在特设的舒适的咖啡厅内等待办理。

零停留退房：当宾客结束旅途退房时，宾客可直接将房卡投入大堂的房卡箱，无须查房，亦无须到前台办理退房手续。

第五章
奢华饭店引领产业升级

一、奢华饭店发展背景

近年来，中国奢侈品消费实际上在世界市场上已经占有一定的存量，而且增幅一直占据前列。据有关数据显示，虽然在2013年全球奢侈品市场面临着诸多压力，但是2013年中国奢侈品消费总额却达到1020亿美元，占据全球消费额的47%，成为全球奢侈品最大的客户，而且出境市场消费远高于本土市场消费。

随着中国经济的崛起，中国富豪和中产阶级的数量不断扩容，截至2014年6月，美国是全球亿万富豪最多的国家，而中国则位列第二。奢华饭店作为一种高端消费，当然也属于一种奢侈品消费。奢华饭店作为一个细分市场已经具有现实的需求，适当开发奢华饭店同样也有利于提升饭店集团的形象。按照西方社会的价值观，奢侈和奢华消费被认为是一种生活方式，一种生活态度，一种品位和格调的象征，而且应该鼓励。同时，奢侈和奢华的内涵与本质是代表一切美好事物的标准，低调的奢华常常是直抵内心。

但是奢华和奢侈消费却与中国的传统价值观念相违背，因为中国自古以来由于土地贫弱、自然灾害和人口众多等原因，数千年里形成了勤俭节约的美好传统。因此，我们可以理解，改革开放初期的奢华饭店消费是为外国人所专属的，普通民众是不允许进入奢华饭店和奢华商业场所消费的。虽然高端和奢华饭店后来逐渐开始得到了地方政府的重视，并且有了更加自由的商业化发展空间，但是却逐渐演变为政府公款消费和炫耀性消费的场所，从而失去了原本奢华的内涵和本质。在非市场化和非理性的市场环境中，可以说这种类型的中国奢华饭店也获得了一个较长时期的高速发展，但新时期随着中央的"八项规定"和"六条禁令"的颁布，依托于非市场化和非理性消费的豪华饭店开始面临越来越多挑战，传统的商业模式和价值取向开始发生根本性动摇。而另一方面，一些具有真正"国际风格、中国气派"的特色奢华饭店开始在市场出现，把传统地域文化和特色生活方式融合在一起的设计酒店、主题酒店和精品饭店等新兴业态开始发展，并逐渐演化为新时期高端奢华饭店的主要扮演者，例如柏联精品饭店等。

我们认为，奢华或精品应该是一种态度，一种在包容中追求精致与优雅的生活态度。就像真正的贵族可能会着名牌、品红酒，也可能会表面上过着与众生无异的平常生活，只是因为荣誉、责任与担当，也许还有慈悲，让他们与芸芸众生区别开来。这些具有中国特色并和本土消费需求吻合的奢华饭店业态预示着中国奢华饭店开始逐渐找到了自己的价值取向和商业模式，中国奢华饭店的发展也将带动饭店产业和服务业进入一个转型升级的新阶段。

二、主要品牌与规模

本报告为了对奢华饭店这一细分市场进行有效的研究，从携程、艺龙、去哪儿和酒店集团官网等网站上抓取了样本酒店，选择酒店样本的标准为起价1500元以上。同时为了保证研究的一致性，所有样本数据都是同一时间一次性获取，以避免在线酒店销售价格的变动。下面我们就以这100余家酒店作为样本，分别对中国奢华饭店的品牌与规模、发展空间、创新、存在问题及对策进行简要分析。

我国目前的奢华饭店投资多为国内投资商所主导，尤其是以房地产开发商为主，而奢华饭店的管理则基本由国际饭店集团所掌控，如喜达屋、凯悦、香格里拉、洲际、万豪、四季、希尔顿等。奢华高端品牌在华数量已经初具规模，而另外一些高端度假品牌如悦榕庄、安缦等也开始在中国发力。从表5-1中可以看出，喜达屋、凯悦在中国的奢华饭店已经达到10家，其他品牌，如香格里拉、洲际、万豪、四季、希尔顿等国际饭店业正在逐步扩张。另外，还有一些国际顶级奢华饭店集团开始试水中国，如卓美亚、凯世等饭店集团开始在我国经济发达城市和主要旅游城市布局。根据统计样本，国际奢华品牌在华（除港澳台地区）共计有56个开业酒店，在奢华饭店领域已经占据中国的半数以上。

表 5-1 国际奢华品牌酒店集团在华分布表

酒店集团名称	品牌名称	酒店名称	开业时间
喜达屋酒店集团	瑞吉	成都瑞吉酒店	2014 年
		拉萨瑞吉度假饭店	2010 年
		北京瑞吉酒店	1997 年
		深圳瑞吉酒店	2011 年
		三亚亚龙湾瑞吉度假饭店	2011 年
	豪华精选	大连城堡豪华精选酒店	2014 年
		上海衡山路十二号豪华精选酒店	2012 年
凯悦酒店集团	柏悦	长白山柏悦酒店	2013 年
		上海柏悦酒店	2008 年
		北京柏悦酒店	2008 年
		宁波柏悦酒店	2011 年
	安达仕	上海新天地安达仕酒店	2011 年
	君悦	上海金茂君悦大酒店	1999 年
		北京东方君悦大酒店	2001 年
	凯悦	杭州凯悦酒店	2005 年
		上海崇明金茂凯悦酒店	2014 年
香格里拉酒店集团	香格里拉	成都香格里拉大酒店	2007 年
		北京香格里拉饭店	2007 年
		拉萨香格里拉大酒店	2014 年
		上海静安香格里拉大酒店	2013 年
		上海浦东香格里拉酒店	1998 年
		深圳福田香格里拉大酒店	2008 年
		北京国贸大酒店	2010 年

续表

酒店集团名称	品牌名称	酒店名称	开业时间
悦榕庄酒店集团	悦榕	重庆北碚悦榕庄	2013 年
		三亚悦榕庄	2008 年
		丽江悦榕庄	2007 年
		上海外滩悦榕庄	2012 年
		香格里拉仁安悦榕庄	2005 年
		杭州西溪悦榕庄	2009 年
	悦椿	腾冲悦椿温泉村	2013 年
洲际酒店集团	洲际度假	千岛湖洲际度假饭店	2011 年
	英迪格	上海外滩英迪格酒店	2010 年
	洲际	上海瑞金洲际酒店	2004 年
		九寨沟九寨天堂洲际大饭店	2003 年
		北京金融街洲际酒店	2005 年
		深圳华侨城洲际大酒店	2006 年
万豪酒店集团	丽思卡尔顿	上海浦东丽思卡尔顿酒店	2010 年
		北京金融街丽思卡尔顿酒店	2006 年
		北京丽思卡尔顿酒店	2007 年
		金茂三亚丽思卡尔顿酒店	2008 年
	万豪	上海金桥红枫万豪酒店	2013 年
四季酒店集团	四季	广州四季酒店	2012 年
		上海浦东四季酒店	2012 年
		北京四季酒店	2012 年
		杭州西子湖四季酒店	2010 年
希尔顿酒店集团	华尔道夫	上海外滩华尔道夫酒店	2010 年
		北京华尔道夫酒店	2014 年
安缦酒店集团	安缦	杭州法云安缦酒店	2010 年
		北京颐和安缦酒店	2008 年

续表

酒店集团名称	品牌名称	酒店名称	开业时间
凯世酒店集团	雅悦	上海雅悦酒店	2008 年
半岛酒店集团	半岛	上海半岛酒店	2009 年
卓美亚酒店集团	卓美亚	上海卓美亚喜马拉雅酒店	2011 年
朗廷酒店集团	朗廷	上海新天地朗廷酒店	2010 年
文华东方酒店集团	文华东方	三亚文华东方酒店	2009 年
雅高酒店集团	索菲特传奇	西安索菲特传奇酒店	2014 年
奥克伍德酒店集团	奥克伍德华庭	北京奥克伍德华庭酒店	2010 年
国际奢华品牌酒店合计 56 家			

注：不含港澳台地区。

国内奢华饭店方面，虽然锦江集团、首旅建国等大型国有饭店集团以及万达集团和绿地集团都在努力打造自己的高端奢华饭店品牌，但目前锦江的 J 品牌和万达的万达瑞华还没有真正已经落地的项目。国内奢华饭店大多是以单体精品饭店为切入来培育本土品牌。目前为止，具有一定规模的柏联精品饭店，已经在全国各地开业了 6 家 SPA 特色精品饭店。另外，君澜、凯莱和华侨城等国内酒店集团内也形成了若干单体奢华饭店品牌。根据统计样本，国内奢华饭店共开业有 38 个项目，但大部分属于单体精品饭店，尚未形成品牌连锁。

表 5-2 国内已开业奢华饭店企业分布表

酒店名称	所在地址	开业时间	酒店名称	所在地址	开业时间
云南景迈柏联精品饭店	普洱	2011 年	上海月湖会馆	上海	2011 年
重庆柏联精品饭店	重庆	2010 年	上海斯沃琪和平饭店艺术中心	上海	2011 年
昆明柏联精品饭店	昆明	2008 年	上海璞丽酒店	上海	2009 年
海南香水湾君澜度假饭店	陵水	2010 年	深圳一舍大湾酒店	深圳	2011 年
千里走单骑·杨丽萍艺术酒店	大理	2009 年	深圳东部华侨城茵特拉根酒店	深圳	2007 年

续表

酒店名称	所在地址	开业时间	酒店名称	所在地址	开业时间
大理古城快乐候鸟精品客栈	大理	2014年	三亚蜈支洲岛度假中心	三亚	2005年
大理月遥度假饭店	大理	2014年	遵化福泉新宫温泉度假村	遵化	2011年
大同云中驿栈	大同	2014年	腾冲养生阁酒店	保山	2008年
重庆融汇泉别院	重庆	2012年	乌镇行馆	嘉兴	2006年
杭州九里云松度假饭店	杭州	2012年	郑州悦温泉精品饭店	郑州	2013年
富阳富春山居度假村	杭州	2004年	北京盘古七星酒店	北京	2008年
杭州湖边邨酒店	杭州	2013年	北京汉唐春秋饭店	北京	2013年
黄山雨润涵月楼酒店	黄山	2012年	北京瑜舍酒店	北京	2008年
莫干山里法国山居	湖州	2012年	北京长城脚下的公社	北京	2006年
苏州吴江东太湖大酒店	苏州	2013年	北京怡亨酒店	北京	2013年
昆山洲怡酒店	苏州	2013年	北京山里寒舍度假村	北京	2013年
牡丹江镜泊湖财源山庄	牡丹江	2012年	北京东升汇文化园林酒店	北京	2014年
平遥锦宅	晋中	2009年	南京颐和公馆	南京	2013年
青岛佰御都国际公馆	青岛	2013年	—	—	—

注：不含港澳台地区。

三、奢华饭店时空分布

从时间上来看，在2008年以前，中国的奢华饭店一直处于培育的过程之中，到了2008年，由于北京夏季奥运会的开幕，市场上一定数量的奢华饭店在中国开业，譬如北京的柏悦、瑜舍、盘古七星、颐和安缦以及上海的柏悦、雅悦和一些知名度假奢华饭店。从2008年至今，中国的奢华饭店数量一直处于稳步上升的态势，2013年有14家奢华饭店开业，2014年上半年即有11家奢华饭店开业（图5-1）。未来几年，随着万达等地产企业布局的文化旅游项目陆续建成以及一部分中国人市场化消费能力的提高，中国奢华饭店仍将迎来一个小幅增长的局面。

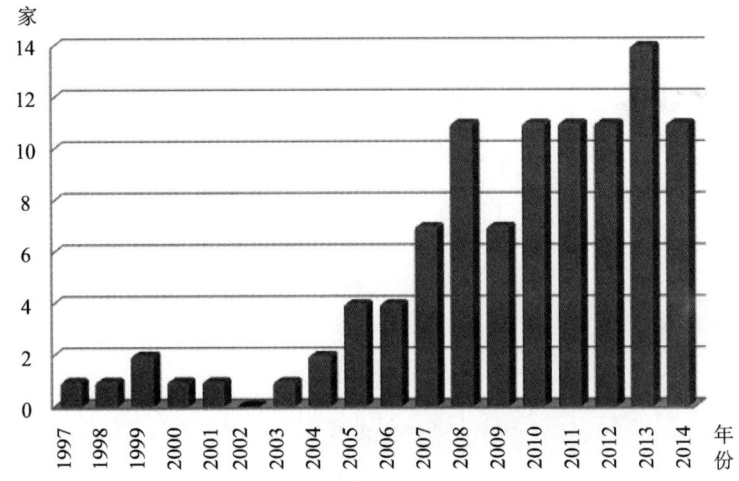

图 5-1 我国奢华饭店发展规模

从空间上来看,华东、华北、西南和华南地区的奢华饭店数量占了中国奢华饭店95%（见图5-2），所以说中国奢华饭店的集中度非常高,一般都是集中在经济发达地区和旅游资源丰富的地区,北京、上海分布的奢华饭店数量远远超过其他地区,杭州、深圳和三亚也是奢华饭店主要分布区域,西南地区的成都、重庆、大理的奢华饭店则具有良好的成长性。

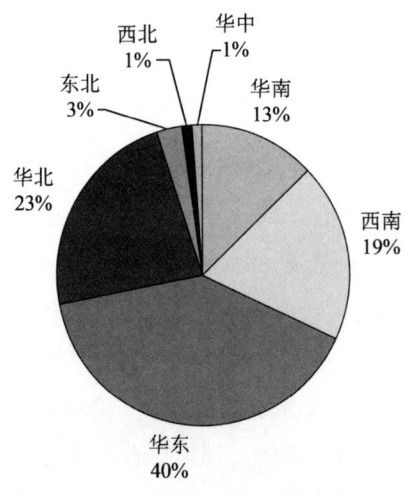

图 5-2 我国奢华饭店区域分布

从平均房价上看,西南地区的平均房价最高,这主要是因为西南地区大多是山地度假型饭店,而且这些饭店都具有垄断性资源,因此平均房价较高。华东地区虽然奢华饭店数量已经具有一定规模,但由于区域经济发达,因此也维持了较高的平均房价,而华南地区的奢华饭店平均房价则略低于华北地区。从网络点评来看,华南地区和华东地区的点评数量较多,而且好评率也较高,说明华南地区和华东地区的奢华饭店,其微观服务质量已经取得一定优势,而华北地区和西南地区则需要进一步提高知名度,增加顾客反馈,加强微观服务质量的管理。

四、与摩天大楼相伴而生

新的摩天楼在中国如雨后春笋般不断拔地而起。《2012 中国摩天城市报告》显示,国内现有摩天大楼 470 座,10 年后预计 1318 座,将比 2012 年增长近 2 倍。巴克莱资本指出,未来 6 年中,全球在建的 124 栋摩天大楼中有 53% 位于中国。而美国目前摩天大楼总数也只有 200 座左右,在建及规划的摩天大楼只有 30 座,但中国仅武汉已建、在建、待建的摩天大楼已达 51 座,贵阳 200 米以上的摩天大楼已达 22 座。

奢华饭店与摩天大楼就如一对孪生体,一座座奢华饭店与摩天大楼相伴而生。有的摩天大楼本身就是饭店的,如 423 米的芝加哥王牌国际饭店(Trump International Hotel)、321 米的迪拜帆船饭店以及国内高 328 米的华西龙希国际大饭店等。摩天大楼综合体往往集高端写字楼、商业、饭店、公寓、观光娱乐、会展等多种功能于一身,奢华饭店是其重要组成部分,特别是中东地区的摩天大楼更是如此。粗略统计,国内 200 米以上的摩天大楼九成都配置有奢华饭店,天津中国 117 大厦还配有一座奢华饭店和一座标准五星饭店。

摩天大楼由于其功能需要往往需配置住宿设施,而只有奢华饭店才能满足其档次需求和与其巨额投资相匹配。鉴于摩天大楼是一个城市或区域的地标性建筑,地理位置优越,形象和定位高端,聚集人气、资源,向周边的辐射力强,有着巨大的宣传效应,其往往成为奢华饭店选址的首选目标。

摩天大楼建设热潮折射奢华饭店投资隐忧。根据安德鲁·劳伦斯的"摩天大楼指数"的推断,是否意味着随摩天大楼热潮迅速涌现的奢华饭店也出现过热?依摩天大楼数据推测,国内与摩天大楼伴生的已建成和正在建设的奢华饭店有近400座，10年后将达到1000余座，如果再加上以其他形式建造的奢华饭店，规模将十分惊人。但摩天楼和奢华饭店的"大跃进"式发展很大程度上是在当地政府的政绩工程需求下被动进行的，能否成功最终需要接受市场的检验，看消费者是否埋单。在一线城市，现实需求可能会相对有保障，但在二线城市，特别是三线城市，需求规模恐难以支撑大量奢华饭店的正常运营，同时也会对现有高端饭店经营形成挤压效应。

大批奢华饭店的兴建也凸显出了奢华饭店运营管理上的矛盾。目前国内奢华饭店的管理基本被国际饭店集团所垄断，如上海环球金融中心的柏悦饭店，广州国际金融中心的四季饭店，深圳京基100大厦的瑞吉饭店，南京紫峰大厦的洲际酒店，等等。业内开始呼唤国内高端饭店品牌的崛起，几家国内饭店集团的行动让人们开始看到希望，总高632米的上海中心大厦已计划采用锦江酒店最新推出的J品牌，绿地集团计划未来在系列绿地中心摩天楼中采用自己创立的高端品牌铂瑞。

摩天大楼中的奢华饭店运营管理可能还存在着其他问题。譬如，摩天大楼的建造与运营，打着深深的工业化时代烙印，存在对城市造成高污染、高耗能、对火灾等安全管理难度大等问题，显然与当今饭店业所倡导和推行的低碳经济、绿色环保的时代潮流不合拍。但既然木已成舟，我们下一步更多需要思考的可能应是如何支撑和确保这些奢华饭店能够平稳运营和持续发展。

五、问题与对策

中国改革开放初期的奢华饭店如长城饭店等是在国有饭店和合资饭店的基础上发展起来的，那时候奢华饭店服务的主要对象是外国游客和部分公务客人。在较长一段时间内，这些奢华饭店并不是按照市场化和商业化的原则运营，因为奢华饭店并不向中国普通民众开放，因此奢华主要是针对外国人的奢华，其标准也是由外国人和外国饭店集团来定义的。所以，一直到现在，中国高端和奢华的饭店大多数是由外国品牌所控制，而且国外饭店集团凭借少数高端品牌，获得了较高的运营收益和品牌收益，而我国的饭店集团则主要是在经济型饭店上占据了主要份额。因此为了进一步扩大我国饭店集团的竞争优势，必须鼓励和支持我国饭店集团的产业升级，把奢华饭店作为一个重要细分业态来发展。为此，我们建议从以下四个方面着手解决我国奢华饭店面临的问题。

（一）创造有利于奢华饭店成长的宏观环境

几千年来，我国形成了勤俭节约的民族传统，奢华消费一直受到社会的抵制，再加上中国高端饭店的非理性投资和非市场化消费，尤其是公款消费给社会所带来的影响，奢华饭店面临着一个不利的成长空间和宏观环境。但实际上，只要是正常的市场化消费，就应该有它存在的价值。

（二）深入研究细分群体特征，打造独具特色的奢华饭店品牌

"饭店所出售的，是一个阶层的服务。"而奢华饭店所出售的正是一个阶层的生活方式和生活态度，之所以成为一个阶层，是因为这一阶层有一定的行为规范和行为方式，在消费的价值取向和偏好也有较为确定的特征。因此，奢华饭店标准、特色和品牌打造必须依据一个特定的阶层和细分群体，深入研究其行为特征和消费偏好，把这一阶层的思想、价值和文化，通过外在的品牌、标准和服务表现出来。

（三）成立奢华饭店相关的民间组织

一个需要注意的现象是，国际饭店集团和国际饭店组织在我国的布局不但体现在品牌的扩张，而且还表现在通过饭店联盟的模式来占据市场份额。譬如罗莱夏朵酒店联盟和全球小型奢华饭店联盟已经逐步把我国较为知名的单体精品饭店纳入发展框架，而且扩张速度很快。因此，在国外饭店集团不断扩大和占领高端消费市场份额时，我们应该积极推动成立奢华饭店相关的民间组织，为我国奢华饭店企业的发展提供咨询和指导。

（四）加快专业人才的培养

人才培养一直是我国饭店业的短板，不合理的薪酬体系和不规范的人才培养结构造成我国饭店业整体可持续发展能力不强。实际上，国际饭店集团主要的竞争力就在于专业人才的培养，只有拥有足够的专业人才才能够在竞争中立于不败之地。越是奢华顶端的饭店品牌，对专业人才的需求标准也越高。因此，高端奢华饭店培养人才不仅有利于饭店产业结构的调整，而且有利于经济效益和竞争能力的提高。

饭店业态的演化是产业发展的必然结果，奢华饭店作为中国饭店市场中的

重要组成部分,不但具有强大的品牌影响力和领导力,而且也是新时期我国饭店业转型升级的重要突破口。我们相信,通过精品饭店、设计酒店和主题酒店等过渡业态的繁荣发展,最终会涌现出一批具有中国特色的奢华饭店品牌。

六、经典案例：柏联酒店集团

(一)柏联酒店集团简介

柏联酒店是柏联集团旗下品牌,其独创的个性化养生度假生活理念,已成功引领中国高端度假旅游市场。柏联酒店致力于提供有品位的奢华度假服务和高层次的文化附加值,打造充满舒适性、私密性、人文感的品牌特色。柏联酒店不仅在硬件设施上与国际同类品牌不分伯仲,且以融入本土特色民族文化、历史文化、地域文化和自然资源为优势,并致力于绿色有机等环保概念,这些充满个性的优越性与差异性,已经成为企业的核心竞争力,令柏联品牌在国际高端饭店行业受到广泛的关注。

(二)柏联酒店产品特色

我国的高端奢华饭店市场一直被国外酒店品牌长期占领,而作为民族酒店品牌要想在国际酒店品牌的重重包围中脱颖而出,首先要在硬件设施上与国外酒店品牌保持一致甚至有所超越,并且又要在文化软实力上找到与当地区域文化相融合的个性化特色,以差异化的产品设计来提高企业自身的品牌个性与市场竞争力。

柏联酒店集团是国际精品酒店联盟罗莱夏朵的成员,无论是在酒店选址、主题设计、顾客体验以及私人定制等层面,均表现出了出类拔萃的个性化特点。柏联酒店的目标客户是高端消费群体,酒店致力于为顾客营造私密感、尊贵感与奢华感。同时,所有的柏联精品酒店凸显出"传统创造经典"的人文精神,养生、有机、回归自然,遵循中国传统之和谐、自然的高品位修养之道,已然超出了普通精品酒店只提供奢华入住酒店的业务范畴,而是从客人的身、心、灵的层面给予其与众不同的难忘的入住体验,是真正把度假与人文、健康体验完美融合的、中国唯一的文化养生型高端精品饭店品牌(图5-3)。

第五章 奢华饭店引领产业升级
Chapter 5　Luxury Hotels Leading Industry Upgrading

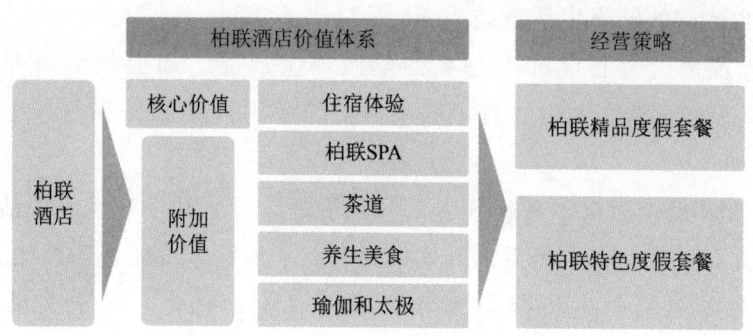

图 5-3　柏联酒店价值体系及经营策略

1. 选址特色

所有的柏联精品酒店必须遵循严格的选址原则。柏联精品酒店选址必须在风景优美、文化悠久、自然资源具唯一性的地区，充分利用不同区域的地理优势，打造出各个酒店的差异性，并以充满度假气息的周边环境感受，给客人耳目一新、如入桃花源的惊艳感受。如昆明柏联精品酒店是高原湖畔的湖景酒店；重庆柏联精品酒店是嘉陵江岸的江景酒店；景迈柏联精品酒店是万亩茶林环绕的茶山酒店；和顺柏联精品酒店是看得见田园风光的古镇酒店；扬州柏联精品酒店是瘦西湖湿地上的江南风情酒店；西安柏联精品酒店是历史悠久的古都酒店。

2. 文化内涵

"传统创造经典"。柏联精品酒店以中国的传统文化为主题，将当地文化融入到酒店设计中，为顾客提供极致的入住体验。如景迈柏联精品酒店的"茶文化"元素贯穿于游客入住起的每一个环节；昆明柏联精品酒店的少数民族文化、鲜花、普洱茶等云南元素随处可见；重庆柏联精品酒店的佛道文化和江河文化，崇尚以自然之道养自然之身，专为客人量身定制的东方禅SPA和道家养生等度假套餐文化气息浓郁。这些地域性的人文魅力都是吸引国内外客人以此作为休闲度假目的地的重要因素之一，也是柏联酒店集团最显著的、不可被简单复制的核心竞争力。

3. 养生产品

未来的世界是养生行业独树一帜的世界。柏联精品饭店自始至终均以传承中国的养生文化、糅合国际一流养生理念为企业发展目标，致力于传递给每位客人最适合他们的健康生活方式。

柏联精品酒店精心设计出一系列健康养生产品，如提供温泉养生、中医SPA、茶道香道、瑜伽太极、有机养生美食等多项健康服务项目和个性化度假套餐服务。

（1）柏联SPA温泉。柏联SPA温泉从规划设计、开发建设、生活方式、品牌运营等方面形成其自成体系的开发模式和美学思想，依托优质天然温泉资源，把中国悠久的温泉养生传统与西方的健康SPA相融合，赋予温泉新的时代内涵。

独具创意的园林艺术，天人合一的景观美学，四季皆有景的树木花草精妙排布，五行相生的泉池布局，私密尊贵的泡池空间，借鉴传统温泉的设计风格，配合现代科学的引泉与卫生管理，每一处都透出柏联多年来所积累的温泉养生的精妙智慧。柏联SPA温泉是多种文化艺术的结晶，包括建筑设计艺术、园林艺术、温泉文化、佛禅文化、养生文化等。

每一家柏联精品饭店都可以享受到极具特色的中医SPA，柏联SPA吸收不同地区的中国本土文化，具有鲜明的地域特色，鲜花SPA、禅SPA、茶SPA、玉SPA等，既能带来无上的感官愉悦，同时又是视觉艺术的盛宴，更是关注内心诉求的心灵之旅。

（2）茶道、香道。柏联酒店在中国传统茶道的基础上，结合少数民族、佛教茶文化，创意性地创立了"少数民族茶道""国粹艺术普洱茶道""禅茶一味茶道"，让人们在观赏、冲泡、品饮普洱茶的过程中去体验和感悟一种精神层面的和谐。此外，在修身养性上极为有效的"香道"，也能在柏联以"香道禅心""沉香SPA"等形式令顾客一生难忘。

（3）养生美食。柏联精品酒店精心研究地方美食，主张美食地域化，注重营养健康的美食理念，每一道地方美食都精心挑选本地最具代表性的上好有机食材，制作和出品则完全以国际化标准时尚呈现，符合《米其林指南》星级评定标准，获得了中外客人的一致好评。像昆明的"山珍海味"创意美食，重庆的时尚川菜，景迈山的民族有机美食、茶餐等，均为同行之翘楚。

（4）瑜伽、太极。瑜伽、太极是柏联慢生活方式的主要元素之一。在每一家柏联精品饭店，瑜伽和太极是健康养生和修身养性课程的一部分，客人均有机会在酒店里得到瑜伽教练和太极教练的专业指导，并可在湖光山色、茶园古镇的自然生态中进行练习。

4. 定制旅游度假套餐

柏联精品酒店以自身产品为主体结合当地旅游资源，为度假客人量身定做了养生套餐服务（见表5-3），旨在为人们引导一种健康的生活方式，套餐内容和时间还会因为季节的变化而发生调整。

表5-3 柏联精品酒店度假套餐内容

	类别	内容
柏联精品酒店定制度假套餐	柏联精品度假套餐	柏联中医养生之旅
		柏联禅道人文之旅
		柏联茶山朝圣之旅
		柏联和顺玉润温泉之旅
	柏联特色度假套餐	柏联有机美食之旅
		柏联瑜伽冥想之旅
		柏联香道修心之旅
		柏联温泉SPA之旅
		柏联浪漫蜜月之旅
		柏联精品会务之旅

（三）发展策略

1. 扩张策略

柏联致力于为人们提供真正的高品质经典奢华服务和高层次文化附加值，依靠坚持做行业精品的坚定信念，通过打造个性化和富有中国文化内涵的酒店产品，在中国及国际树立中国酒店的民族品牌。

作为第一家由中国公司开发管理的奢华度假酒店，多年的行业探索也使得柏联拥有了国际水准的酒店管理运营经验，从昆明的第一家柏联精品饭店开业到现在的全国六家饭店，以及在选址规划中的上海、北京旗舰项目到企业远景发展目标中的普吉岛、巴厘岛等，柏联酒店集团已经开启了进行全球品牌连锁和战略布局的发展步伐。除了进行规模扩张外，品牌输出管理将是柏联酒店未来的发展方向。品牌输出不仅可以提升企业的品牌知名度、影响力与竞争力，而且可以实现酒店管理业务稳健发展与快速扩张，这也是柏联酒店迈入国际酒店品牌行列的重要一步。

2. 投资商业模式

（1）依托多元文化整合的度假饭店开发模式。柏联酒店通过对酒店所在区域旅游资源的充分利用，以及对养生文化、温泉文化、佛禅文化、茶道文化等多元文化的整合开发，将酒店作为旅游度假目的地的开发模式引领了行业未来发展方向。

（2）产权式度假饭店模式。和顺柏联精品酒店作为柏联酒店集团的第三代产品，是按照产权式度假酒店的经营模式，邀请知名的国际建筑设计大师设计，把古镇的风华和历史烟云凝固在建筑布局上，本土文化与酒店的结合相当默契，它收纳了火山田园的风光，融入了小镇平静的生活图景，遵循国际化、高标准打造，成为和顺古镇的升级产品，吸引了全球 500 强企业人士来此休闲度假。

（3）开发衍生产品，拓展延伸产业链。为了更好地满足酒店养生产业的发展，柏联酒店成立了 SPA 学院，致力于中医养生文化的探索和实践，培养高素质 SPA 人才，研发 SPA 产品疗程。为了更好发扬中国传统文化，为顾客创造更多的附加价值，柏联酒店建立了老茶博物馆，收藏汇齐了百年来存世的普洱老茶，把这"能喝的文化"和"会呼吸的古董"近距离呈现给普洱茶爱好者们，同时客人们还能欣赏到由柏联艺术团表演的柏联茶道与舞蹈、瑜伽、太极相结合的唯美表演。

（4）打造度假酒店，不仅需要调整酒店产品，同时也需要调整经营策略。柏联酒店创造性地将酒店产品结合周边资源，以套餐形式打包出售的形式为顾客创造了更多附加价值。柏联酒店对每一个产品周边的消费特色与潜力均作了深度的调研与考察。

（四）顾客评价

通过对艺龙网、携程网上柏联精品酒店的顾客评价内容分析来看，顾客总体满意度高（见表 5-4）。首先顾客对酒店的服务质量、酒店设施以及酒店环境方面的好评频率最高；其次是对酒店产品，如温泉、瑜伽、养生套餐、餐饮等；也有部分顾客认为酒店定价过高，认为价格超过其预算，只能在特殊纪念日当作奢侈消费。

表 5-4 柏联酒店顾客的评价

服务质量	➢ 所有的服务人员都有很真诚的微笑，无论是保安还是植物养护工，见到我们都会微笑问好 ➢ 我们全家对柏联酒店的服务非常满意。管家服务细致入微，非常感动，一定会再来 ➢ 产品的价格是有限的，真正无价的是服务。确实是比五星级饭店更棒的专业管家服务，物有所值
酒店环境	➢ 环境优雅，管家服务到位，温泉舒适 ➢ 风景很好，在嘉陵江畔，每间房都有面江的露台和温泉泡池，宁静、舒适，很有特色 ➢ 酒店和房间的装饰与布置有佛禅的意境，不算奢华但也雅致，房间很舒适
酒店设施	➢ 酒店的设施配置都很好，环境私密度很好 ➢ 品质很好的度假饭店，设施环境都达标，卫生服务也很好 ➢ 房间细节可以说是做到了极致。背景音乐是 Bose 音响，削水果小刀是双立人牌，冰箱里饮料和小吃都免费，红酒免费。房间每个角落都有矿泉水，随时补充。厅里还有咖啡机，免费。特别要说的是床，软硬适中。透过落地大玻璃就能看到风景
酒店价格偏高	➢ 服务态度、细节无可挑剔。除了价格有点偏高外其他都值得推荐 ➢ 是度蜜月的好地方，本想多住几天，就是太贵了 ➢ 酒店自然环境无可挑剔，房间因为雨季有点潮湿，价格小贵

（五）社会责任

柏联酒店在做好自身酒店产品的同时，非常重视对当地生态环境以及文化的保护，致力建设环保生态型的酒店。在酒店建设中，遵循低碳环保的建筑设计理念，采用可再生建筑材料，建筑与自然环境融为一体，保护原生植被，树木从房屋中穿堂而过，建筑与树木共栖；同时把保护和传承当地文化作为企业的发展宗旨，在酒店设计中就地取材，巧妙融入本土文化元素，如景迈山柏联酒店提出"一座山"的概念，把种植历史、茶文化遗存以及良好的生态环境纳入景迈山整体保护中。以《景迈山宣言》为指导，保护当地的一草一木，保护当地的建筑风貌和人文景观，同时积极扶持茶农，支持当地的新农村建设。

在世界知名酒店品牌的重重包围中，极为注重品质与文化的柏联精品酒店独树一帜，打造个性化、差异化的品牌理念，越来越受到顾客的青睐。柏联精品酒店独创出的个性化养生度假生活理念，通过对酒店产品的独到设计和包装，及不断创新和探索新的发展模式，完全具备了国际酒店品牌的市场影响力。

第六章
精品饭店倡导文化和个性

酒店精品化时代正向我们走来，精品饭店将成为未来酒店增长的主力军。随着消费力的增长，消费观念的转变，消费品位在提升，人们追求有创意、个性化、独特性的产品，那些千篇一律、标准化的产品将失去竞争力，而精品饭店符合潮流，顺应需求，应时而生。当前，精品饭店还仅是一个不起眼的细分市场，未来所有酒店将追求精品化、特色化、个性化，未来将是精品饭店的世界。

一、精品饭店的范畴

精品饭店的范畴如何界定？当前，让很多投资者困惑的是：自己投资的酒店，算不算是精品饭店？精品饭店的外延较广，目前对精品饭店并无统一的认识和界定。但精品饭店有很多共同的特征，譬如：精巧创意、精心设计、精心雕琢、精致服务，风格独特、品质不凡，或时尚前卫，或概念潮流，或历史古典，或独具民族民俗特性等，具有这些特征就算得上是精品饭店。因此，规模、档次不是判定精品饭店的首要因素，文化原创性是第一位的。

精品饭店是体验经济时代的产物，从形式上看，Boutique 酒店、生活方式酒店、设计师酒店，甚至主题酒店等都可以涵括在这一概念之下。国际精品饭店集团（Epoque Hotels）是奢华精品饭店的联盟，其旗下酒店划分为经典创新系列（独具原创性的经典酒店）和时尚前卫系列（酒店独特设计引领潮流先锋，最具话题性），对加入联盟的酒店都会从个性、魅力值、品质和中心地理位置等几个维度进行测评，要求备选酒店能够代表所在城市原汁原味的文化特色。

精品饭店具有鲜明的与众不同的文化理念内涵，以提供独特、个性化的居住空间和服务水平成为其与大型连锁饭店的最重要的区别（表 6-1）。精品饭店最初出现时主要集中在大城市，随着精品饭店的文化内涵增多，其表现形式趋于多元化，精品饭店不仅在旅游胜地出现，而且在历史内涵厚重的区域发展，更加注重于城市历史、文化等元素的结合，展现某段历史人文或思想创意的碎片。精品饭店拥有特定的文化内涵以及独特的设计理念,为顾客提供独特的居住体验,这些鲜明的个性特征不能轻易被模仿和被替代。

表6-1 精品饭店主要特征

设计	体现地方文化特色和独特历史记忆
品质	精致装修,标准从三星到五星不等,甚至可超五星级
规模	规模较小,客房数量有限
营造氛围	配套设施不对外开放,私密性强
服务对象	中高收入者,追求个性化和时尚生活
主题特色	主题鲜明,风格迥异
唯一性	强调原创的唯一性,以此保证与星级饭店、连锁饭店甚至其他精品饭店相区分
特有服务	亲密、贴心、定制化、个性化与人性化
文化底蕴	围绕地方文化、建筑和装饰文化、品牌文化等体现精品底蕴

精品饭店注重时尚与创新。精品饭店的服务产品既迎合了市场由大众化消费向个性化、体验性消费变换的潮流,同时也引导了一种新的时尚消费方式。如W饭店宣称自己不只是一个饭店品牌,而是一个标志性的生活时尚,为客人们提供前所未有的独特体验。精品饭店的时尚与创新体现在环境、设施、服务、经营方式等各个方面,包括运用新科技增加服务产品的含金量,提高宾客舒适度与独特体验感受。如一些精品饭店客房内设置不同的灯光模式,客房内配有触屏式IP电话、客房送餐电子点菜单、DVD客房影院系统等。

对于精品饭店来说,除了价格,更加强调顾客的同质性,注重顾客之间的相互影响,这本身也是精品饭店独特氛围的一部分,因而具有俱乐部制的一些特点。从这个意义上说,判断一个饭店是否是精品饭店,首先得看它的顾客群。顾客不仅选择饭店,而且选择其他顾客,即一个与自己身份、地位、信仰、偏好等相似的阶层。对于精品饭店来说,饭店规模不大,同时顾客是相对同质的,这样有利于业主、管理方与顾客的充分沟通,因而顾客的影响力更大,归属感更强,对饭店的各个方面会留下较多的个性化印记。从这个意义上说,精品饭店更像是顾客的饭店,而不仅仅是业主的赢利工具。

二、精品饭店的档次与规模

从运营商角度看，标榜自己是精品饭店的不少。有的位于城市商业区，有的位于风景区；既有高档的，也有中低档的；提供的服务内容和价格差别也比较大，然而真正被市场认可的却不多。精品饭店的基本特征是高品质、优质服务、个性化、私密性、友好、温馨、舒适、高附加值等，但奢华并非精品饭店的必然之意。精品饭店在设计上未必要追求奢华，奢华不等于舒适、时尚，过于追求豪华只会陷入资源浪费、恶性竞争的误区。从国际上对精品饭店的调查来看，六成精品饭店为五星级饭店，三成为四星级饭店，但也有部分精品饭店为三星级饭店。因此，精品饭店并不一定就意味着高端、奢华和高价，特别是在中国，精品饭店更多体现在建筑的精致、设计的精巧、服务的精细和管理上的精益求精。总之，精品不等于奢华，酒店的定位是否恰当，最终取决于消费者是否认可以及企业的经营绩效。

精品饭店的规模和档次仍是遇到争议较多的问题。多数人认为精品饭店应该是小型奢华饭店，但目前一些国际酒店集团旗下的精品饭店规模已经达到500间客房，如W酒店。国内一些有一定知名度的中端饭店也将自己归属于精品饭店，如号称人文精品饭店的亚朵酒店，中档设计师酒店桔子水晶酒店以及西安左右客主题酒店等。因此，精品饭店就档次而言，可能包括奢华、豪华和中档三个层次，但规模还是以100间客房以下居多，W酒店为特例。因为特色鲜明的精品饭店一般对应着较窄的客源市场，客房规模过大特色可能难以彰显，运营压力也会非常大。当前大家的目光大多聚焦于小型奢华精品饭店，相信未来中档精品饭店也会获得更多投资者的关注。

花间堂2010年在丽江开出8家（见表6-2），每家都只有几间客房。目前已在丽江束河、香格里拉、苏州、周庄、杭州西溪、四川阆中等地陆续开业。花间堂品牌定位于小型、高档、休闲度假式的文化主题型连锁精品饭店，目标客户是寻求梦想与精致生活的中高端客户，设计风格追求纳西文化特色与现代设计相融合，体现家庭式、老友式的服务特色。服务项目包括小体量休闲酒店，店内还配有漫读书吧、影音室、西餐厅、小型会议室、红酒吧、茶室及女子SPA会所等。遵循的经营模式是连锁不复制。花间堂未来的经营业务不是打造单体的酒店，而是放大到文化休闲产业层面。

表6-2 花间堂丽江主题酒店情况

分店	分店选址特色	文化主题	房价（元/晚）
植梦院	纳西族中医世家"绍恒堂"和氏的老宅	—	480~1280
怡池院	怡池院曾是古城建设银行的旧址	云南少数民族风情	480~1280
隐泉院	古城狮子山的半山腰	以茶文化为主题	580~1280
编织院	丽江赫赫有名的马帮首领"马锅头"的住宅	—	480~1280
听荷院	丽江最后一任县长的府邸	棋文化为主题	480~1280
青尘院	临近丽江古城最具本土生活气息的忠义市场	隐逸文化	480~1280
问云山庄	木府花园的一部分	—	1280~1880

另一家比较低调且已具备较大规模的精品饭店集团是书香酒店集团。该集团旗下酒店定位为文化主题精品饭店，口号是"诗礼之家，书香传世"。书香酒店集团目前已在全国开出30多家，客房规模多在100间左右。书香品牌将完成在泛长三角地区发展百家连锁酒店的战略布点，集团提出以IPO上市为未来5年的战略目标。

三、精品饭店的品牌发展

伴随着持续高速的经济增长和消费取向的社会发展，我国居民，特别是正在形成规模的中产阶层，开始自觉地追求相对精致的生活与旅行方式。对于他们来说，饭店已不再仅仅是一个住宿和餐饮的场所，而是能提供个性化的生活体验的地方。饭店业在经过一段追求"越大越好、越高越好"的发展时期后，开始迎合这部分人的需求，逐步向个性化、精细化方向探索，于是中国出现了自己的精品饭店。目前精品饭店大致有历史文化精品饭店、度假精品饭店、城市精品饭店等类型。除了国际饭店集团引入的精品饭店品牌外，国内大多精品饭店都还是单体饭店，总体上精品饭店在国内还处于市场的导入期。

目前精品饭店品牌大概有四类：

一是大型饭店集团旗下品牌，如the W、英迪格（Indigo）、Andaz、宝格丽（Bulgari）、Edition、美憬阁（MGallery）、朗庭（Langham）等高端精品饭店。

二是专业精品饭店集团，如Grace饭店集团、BHG（Boutique Hotel Group）、

安缦酒店集团、悦榕庄酒店集团等。随着国际品牌的引进，国内精品饭店品牌也逐渐成长起来，如柏联、隐居、皇家驿栈、书香、花间堂、安麓、华侨城的精品饭店等，精品饭店未来连锁化发展也将越来越普遍。

三是单体精品饭店。目前国内精品饭店以单体酒店为主。国内单体的精品饭店大多是艺术界、时尚界和设计界人士玩跨界的产物，如大理千里走单骑·杨丽萍艺术酒店、鼓浪屿那宅酒店等，又如长城脚下的公社是由12名亚洲杰出的建筑师设计建造的饭店。

四是奢侈品公司利用其品牌影响力与饭店集合，诞生了如宝格丽（Bulgari）、阿玛尼等精品饭店。

（一）国际精品饭店集团

在国内受关注度较高的精品饭店有悦榕庄、安缦、W酒店等。其中，W酒店是喜达屋旗下的全球现代奢华时尚生活品牌，其官方的定位是Lifestye品牌，业内普遍将其归类为大型的Boutique hotel路线。激发灵感、创造潮流、大胆创新的W酒店在业界影响深远，为宾客提供终极的入住体验。W酒店的目标宾客很明确，是那些时尚潮流的创造者。他们的年龄大约在30到35岁之间，受过良好教育，一般没有小孩，对最新、最酷、最时尚的东西感兴趣；他们了解时尚，很关注时尚，并且也希望自己能被时尚界所融合，喜欢去时尚酒吧、参加电影首映式或是钟情某种时尚音乐或音乐元素；他们还对设计有着独到的见解，这些见解可以源源不断地激发设计师们的灵感。W品牌酒店的价格定位方针是低于瑞吉品牌并且高于威斯汀品牌，但每一家W酒店的开业前期都会做充分的市场调查，通常不同地域中的W酒店会根据当地的实际情况在定价上做出相应调整，这也在一定程度上取决于具体某一家W酒店周边的竞争对手的定价情况，归根结底是由市场而定。

雅高饭店集团旗下的美憬阁在国内目前仅有一家开业。美憬阁品牌旗下的每家酒店都能使旅客透过建筑、装饰与服务，领略以巧妙方式展现的独特个性和历史。每家酒店都从品牌的三个氛围主题之一汲取设计灵感：以"传承（Heritage）"为主题的酒店致力于彰显其历史渊源，历史感十分浓厚；有些酒店营造出一个风格独具的美学世界，着重体现酒店设计师或装饰师的"个性特色（Signature）"；另一些酒店则强调"宁静（Serenity）"，无论是在海边、乡村、山间还是在城市中，都能提供一个适合放松的宁静港湾。

国际精品饭店品牌见表6-3。

第六章 精品饭店倡导文化和个性
Chapter 6 Boutique Hotels Initiating Culture and Personality

表6-3 国际精品饭店品牌

酒店品牌	定位	特色	酒店名称	风格	开业时间	规模	房价（元/晚）
英迪格酒店（洲际集团）	时尚精品饭店（商务及高端休闲旅客）	针对寻求个性与真实体验的高端客户，为他们提供融合当地历史、文化和自然元素的下榻体验（新鲜设计、邻里故事及灵感服务）	上海外滩英迪格酒店	融入上海文化人文故事及当地艺术品	2012年4月	207间	1680~2680
			厦门海港英迪格酒店	厦门独特的贸易历史及人文故事	2012年3月	128间	1760~3880
			天津海河英迪格酒店	老式电影，海河河畔及欧洲奢华风格	2012年8月	95间	1350~2300
			丽江古城英迪格酒店	融入纳西族和藏族文化以及茶马古道文化元素	2013年9月	70间	1800~3400
			香港港岛英迪格酒店	湾仔旧邮局、蝴蝶、飞龙三个主题，分别代表了湾仔的过去、现在和未来	2013年5月	138间	1800~3500
悦榕庄酒店（悦榕集团）	文化主题的精品度假客栈	悦榕庄的信念是为宾客提供身、心、意等相调谐的五感圣地。酒店巧妙地将当地景观和建筑样式结合，设计与周边自然环境完美融合，宾客可以尽享当地的风情特色。营造优雅浪漫的度假风格，开放式私密空间，奢华、尊贵	杭州西溪悦榕庄	融合了江南风韵和现代时尚	2010年1月	36栋别墅、36间套房	3448~7211
			丽江悦榕庄	纳西族文化（拥有别墅型产权式酒店"悦榕轩"）	2006年3月	55栋	2260~2754
			仁安悦榕庄	自然风格与当地藏族文化	2005年9月	32套别墅	2045~2554
			三亚悦榕庄	中国首家全冰池别墅度假村	2008年4月	61栋别墅	2800~3900
			上海外滩悦榕庄	现代摩登与古典优雅完美融合	2012年	130间	2328~3552
			天津海河悦榕庄	都市度假	2013年4月	159间	888~2888
			重庆北碚悦榕庄	温泉度假村	2013年7月	96间套房及别墅	1898~8580

续表

酒店品牌	定位	特色	酒店名称	风格	开业时间	规模	房价(元/晚)
安缦集团	小奢型精品度假饭店	小规模,私密,低调	北京颐和安缦酒店	王府气度	2008年9月	51间套房	3450
			杭州法云安缦酒店	明清村落和隐士文化	2010年1月	99幢(间)	5225
美憬阁（雅高集团）	新颖原创的体验,令人难忘的奢华酒店品牌	旅客透过建筑、装饰与服务,可领略当地的独特个性和历史	香格里拉美憬阁	藏式居民碉楼建筑,以"传承"为主题的酒店设计风格,致力于彰显其历史渊源,历史感十分浓厚	2009年4月	75间	1075~1394
瑞吉（喜达屋酒店集团）	隐居、尖端旅行者、度假	以度身定制的服务与休闲设施,风光怡人的选址以及充满当地色彩的豪华装饰闻名	拉萨瑞吉酒店	当代奢华与传统西藏韵味	2010年11月	162间(套)	2400~3910
			深圳瑞吉酒店	—	2011年12月	297间	1898~6440
			三亚瑞吉酒店	—	2011年11月	402套	1840~8510
			天津瑞吉酒店	—	2011年11月		1012~4356
安达仕（凯悦酒店集团）	商旅、观光、休闲	现代前卫的设计并结合当地人文文化	上海新天地安达仕	—	2011年	307间	2161~4025
W酒店（喜达屋酒店与度假村国际集团）	全球现代奢华时尚生活品牌	激发灵感、创造潮流,大胆创新,为宾客提供终极的入住体验	香港W酒店	时尚潮流与殖民风格的完美融合	2008年12月	393间(套)	3285~7204
			广州W酒店	前卫时尚,随心而至	2013年4月	307间(套)	2000~4000
			北京W酒店	选取"国都印记"这一充满了地域特色的关键词作为设计主题	2014年11月	353间	—

（二）国内精品饭店集团

国内今年涌现出一批连锁化发展的精品饭店集团（见表6-4），既有定位较为高端的柏联、隐居、书香、皇家客栈、花间堂等品牌，也有定位于中端的桔子水晶、亚朵等。亚朵酒店从中西部核心商务城市起步，未来计划进军华东、华北等地的一二线城市及省会城市，目标是至2016年发展至150家的规模。

表6-4 国内精品饭店集团

酒店名称	开业时间	地点	规模	价格（元/晚）	定位	特色
柏联精品饭店	2008年	昆明	89间（套）	6690~15 180	高端休闲度假饭店	融入中国传统文化及地域文化，注重自然保护的建筑理念，汲取其养生的精华，追求品质、风格、文化品位的人文情怀，强调生活方式的创造力
	2011年	云南景迈山	28间（套）	5051~41 193		
	2010年	重庆	31间（套）	4492~10 647		
隐居酒店集团	2011年	杭州	四片区8幢别墅49间客房	—	35~50岁的文人雅士群体	坚持酒店环境的优美性 24小时零等待专属管家服务 融合地区人文环境的独特度假体验设计
	2012年	海南	200间	—		
	2013年	扬州	200间	—		
璞邸酒店	2007年	上海	52间	945~1711	高端客户和精英旅行者	法式风情 24小时一键式呼叫的管家式服务 客房作为艺术展览的空间

续表

酒店名称	开业时间	地点	规模	价格（元/晚）	定位	特色
苏州御庭精品饭店	2009年	南京秦淮河店	37间	—	私密、低调、奢华	泰式风格并融合了南京本地特色元素
	2011年	南京汤山店	100间（套）	889~3500元/晚	度假精品饭店	东南亚装饰风格
	—	云南德钦	88套	—		融合了云南少数民族文化和泰式风情
	—	苏州李公堤坝	44间	—		安缇缦水疗SPA
北京大成有方酒店管理公司	2008年	北京故宫皇家驿站	56间	795~1300	—	中国传统文化与现代时尚设计相融合
	2014年	北京前门皇家驿站	—	740~5888	—	"水"文化创意精品饭店
桔子水晶酒店	2010年	北京、上海、南京等17个城市	—	500~800	设计师酒店，时尚、简约	崇尚豪华、优雅、自由和叛逆
亚朵酒店	2013年	西安、成都、南京	6家已开业	300~500	人文精品饭店	主打千册图书免费阅读、人文摄影欣赏等元素

（三）跨界发展

奢侈品牌巨头也纷纷跨界进入精品饭店领域。服装、配饰、皮具、跑车等奢侈品巨头将其品牌影响力向酒店领域延伸，如范思哲、宝格丽、LVMH、Ferragamo等，而高端跑车制造商兰博基尼已在苏州、昆山、黄石开业4家酒店，另有4家在建。瑞吉酒店（St Regis）与迪奥（Dior）、蒂芙尼（Tiffany）、宝缇嘉（Bottega Veneta）等合作打造主题套房（见表6-5）。虽然他们的主要意图是跨界营销，但他们将时尚理念、设计理念、生活态度、审美方式等融入到精品饭店的客房设计中，为酒店领域的创新带来一股新风。

第六章　精品饭店倡导文化和个性
Chapter 6　Boutique Hotels Initiating Culture and Personality

表6-5　奢侈品牌投资的精品饭店

产品类别	品牌名称	公司总部	合作方	旗下酒店	开业时间	规模	特色
珠宝	宝格丽（Bulgari）	意大利罗马	万豪（Marriott）	宝格丽米兰酒店	2004年	58间	—
				宝格丽巴厘岛酒店	2006年	59栋别墅	意大利的现代与巴厘岛当地风格融合
				伦敦宝格丽酒店	2012年5月	85间客房	—
				上海宝格丽酒店	2016	120间客房和套房	中国房地产企业华侨城
				迪拜宝格丽酒店	2018	100间客房	—
	米索尼（Missoni）	意大利	比利时Rezidor酒店集团	科威特Hotel Missoni酒店	2008年9月	—	鲜明图案和亮丽色彩
				苏格兰爱丁堡Missoni酒店	2009年1月	136间客房	—
时装	阿玛尼（Armani）	意大利米兰	迪拜EMAAR酒店管理公司	迪拜哈利法塔	2010年	160间	简约现代的线条感设计
				米兰	2011年	95间客房	—
	莫斯奇诺（MOSCHINO）	意大利	与意大利酒店连锁集团Mobygest旗下的Hotelphilosophy SPA合作	米兰	2009年	72间客房	梦幻主题童话故事

111

续表

产品类别	品牌名称	公司总部	合作方	旗下酒店	开业时间	规模	特色
时装	范思哲（Versace）	意大利	Sunland集团	Palazzo Versace度假村（澳大利亚黄金海岸）	2000年	205间	奢华与美艳，欧洲宫殿和古典罗马建筑风格
				Palazzo Versace（Dubai）	—	169间	—
	黛安·冯芙丝汀宝（Diane von Furstenberg）DVF	美国	澳博集团	Palazzo Versace（澳门）	2017年开幕	270个房间	—
鞋履	菲拉格慕（Salvatore Ferragamo）	意大利佛罗伦萨	Claridge's	伦敦Claridges酒店	—	20间客房	—
			自营	伦卡诺酒店（Lungarno Hotel）佛罗伦萨3家，罗马和米兰各一家	1997年	—	—
皮具、时装和酒业	LVMH	法国巴黎	与埃及房地产公司Orascom Development Holding AG合作收取管理费用	白马连锁酒店（Cheval Blanc Hotel）阿曼和埃及的阿斯旺	—	30~40间套房	—
跑车	兰博基尼（Tonino Lamborghini Hotel）	意大利圣亚加塔·波隆尼	中南集团	昆山托尼洛·兰博基尼酒店	2012年	289间	中国园林式风格
				黄石托尼洛·兰博基尼酒店	2013年	380间客房	意大利的简约
				苏州托尼洛·兰博基尼书苑酒店	2012年	92间房	书文化为主题

对于单体酒店，类似精品饭店联盟的发展模式是促进单体酒店快速发展壮大的最佳选择。如国际精品饭店集团（Epoque Hotels）、全球奢华精品饭店联盟（SLH），世界领先豪华酒店联盟（LHW），通过提供酒店营销、预订、制定标准、共享资源等服务，提高了单体酒店的市场竞争力。目前，中国的精品饭店业者也已经开始探索精品饭店联盟模式。

四、精品饭店的创新

精品酒店发展是一个探索创新的过程，主要体现在文化创新、产品创新和商业模式创新等方面。

（一）精品酒店代表先进文化

真正的精品酒店都是有文化内涵、有故事、有个性的酒店。精品酒店对文化的吸纳不拘一格，独特的、适合的才是最好的。例如故宫皇家客栈打造的是皇家文化，讲述的是宫廷故事；前门皇家客栈则注重对水文化的诠释，推崇的是时尚与健康理念；丽江悦榕庄在保留悦榕庄优雅浪漫度假风格这一品牌基因的同时，融入了纳西文化元素，处处展现纳西风格；隐居集团推出了自己的"隐文化"，隐逸扬州酒店融入了扬州三把刀等地方休闲文化；平江府书香酒店依托园林艺术底蕴，融入吴文化，不经意间体现了佛文化和苏州"白相文化"。不论是传统文化、民俗文化和少数民族文化，还是现代文化、时尚文化，抑或是西方文化、中国文化和地方文化，精品饭店要充分发掘这些文化中有特有的元素，吸其精华，发扬光大，并创造出属于自己的文化。即使是连锁精品酒店，也不能千篇一律的异地复制，而应在保有品牌文化基因的同时，融入地方文化或其他文化元素，最终展示的是其文化原创性。

（二）精品酒店代表广大消费者需求

目前消费者需求越来越个性化、细分化，那种千人一面、标准化、大众化的产品已不能满足消费者的个性化需求。精品酒店以需求为导向，进行主题化创意设计，定位独特，不追求一个产品符合所有消费者的口味或审美观。每家酒店精确捕捉一个细分市场消费者的需求，通过精巧创意、精心打造、精致服务，提供精雕细琢的独特性、独创性产品，较为充分地满足该细分客群的需求。

这样，一家家精品酒店聚合起来形成的精品酒店行业就真正契合了广大消费者的需求。在精品酒店发展的初级阶段，主要是满足高品位、高消费、富裕阶层的需求，未来随着中产阶级的崛起，中端精品酒店也会有旺盛的需求。当前一些豪华精品酒店主要针对的还是国际客源，未来可能会更加注重满足国内客源的需求。这一走向意味着精品酒店的文化、服务、产品等元素应以民族元素、地方元素为主，因为民族的才是世界的，国人满意的相信国际客人也会满意。

（三）精品酒店代表先进生产力

精品酒店创业者多是最具创新精神的一群人，他们往往代表着先进的生产力。那些采用创新理念的酒店，正在改变我们对酒店的传统认识。如隐居集团提出"卖的是度假时光"，花间堂倡导"卖的不仅仅是一张床，而是花间堂的生活方式，一种人文休闲度假方式"。不同的运营理念就意味着打造不同的产品和发展模式。精品酒店很少有传统的大堂，有的只是文化艺术展示空间、社交空间、休闲空间。如乐雅无垠酒店打造的"喂空间"，前门皇家客栈的水文化展示空间等。奢侈品、艺术界、设计界等不同领域的跨界进入，也为精品酒店在设计风格、色彩运用、产品配置等方面带来了创意新思维。一些新的商业模式、发展模式和运营管理方式正在引入精品酒店行业。例如，隐逸扬州推出的"一价全包"模式受到欢迎，野奢酒店创新的帐篷酒店受到追捧，丽江花间堂 10 家酒店分散布局、统一管理的组团化管理模式为小型精品酒店提供了新思路。花间堂的组团化管理方式是指在同一区域开出多家客栈，所有客栈共享分公司的资源，以丽江为例，在古城一共开了 10 个院子，每个院子约有 20 间客房，共有 200 间客房。客房的体量相当于一个成规模的单体酒店。花间堂把单体酒店应该配备的管理、资源、人事架构、组织架构拆解开来，成立一家分公司，支持所有院子，每个院子只配备必要的前厅接待人员，整个丽江区域可共享客房服务人员，这样每个院子标配的人员数量大大降低，全部人员的人房比不到 1∶1。

此外，精品酒店注重环保、注重体验，是低碳环保技术、智能化技术等先进技术的积极应用者。精品酒店相对而言更具时代特征，甚至领先于时代，往往敢于人先，追求卓越，在很大程度上是酒店行业创新的先行者。

精品饭店在经营管理模式的创新方面，可以采取集团化的经营模式。精品饭店在管理的规范和服务标准统一的基础上，每一家饭店都可以是个性化的存在。集团对成员饭店的控制,更多的是体现在金融投资、财务管理、市场营销和人力资源等方面,每家饭店在具体的经营管理过程中则有更大的独立性和自主权。在服务理念、服务规范和服务内容等方面,也将出现较大的突破,顾客的参与性更强。精品饭店不只是住宿型企业,也是经营历史文化或时尚文化的企业,其发展还需要精通历史、文化的人士参与。

五、发展趋势

(一)精品饭店强调经营专业运作

很多精品饭店采用"资源外包"策略,即专门从事与自身能力相匹配的业务,尽可能以"外包"形式剥离非关键的生产经营环节,使有限的资源用于经营中的核心环节——客房产品上,将客房收入作为饭店利润的主要来源。

(二)精品饭店的经营模式日益呈现由单体饭店向集团化和连锁化发展的势头

如金普顿饭店(Kimpton Hotels)推出"可讲故事的饭店"的新理念,使集团化的经营方式与个性的精品魅力有机结合起来。如今,Kimpton 已经成为精品饭店行业的标杆,旗下拥有 50 多家"可讲故事"的精品饭店,几乎每家都有不同的名称、不同的故事。

(三)精品饭店的客房数量呈现出两极分化的发展趋势

如喜达屋旗下 W 饭店多在 500 间客房左右,有些精品饭店的客房数量已经达到 1000 多间。而另一方面,家庭式旅馆改造而来的精品饭店的客房数量趋向小于 20 间,"重质不重量"成为他们的核心竞争力。

(四)精品饭店的价格日益贴近消费者需求

旅行者在下榻饭店时所花费的时间和费用成为影响旅行者整体旅游体验的重要因素,因此,旅行者对于饭店的要求日益提高,包括最新技术、现代化、有趣的设计特色、丰富的佳肴以及卓越的服务。以往,"精品"这个词等同于昂贵,然而,许多饭店品牌,例如 NYLO Hotels,使"精品"饭店走向大众化。其推出的 NYLOXP 品牌致力于营造建设在城市大厦之外的都市风情精品体验,饭店依然距离商业中心咫尺，但价格适中，一晚仅为90~110美元。

（五）精品饭店在中国的发展前景令人乐观

一方面，消费者对精品饭店的需求日益提高。随着中国饭店市场的发展，中国饭店客人也逐渐对标准化的饭店产品开始产生厌倦。如今，"体验式消费"日益被中国的消费者接受并迅速流传。精品饭店因具备除传统饭店所具有的舒适、清洁、明亮、周到等基本元素外，还注入了全新的体验型元素，成功的精品饭店都会让目标客户感到"正中下怀"。随着消费观念的逐步更新，中国的精品饭店的需求环境日趋成熟。另一方面，精品饭店的发展与文化产业发展政策相契合。党的十八大提出建设文化强国，增强全民族文化创造活力。这就需要饭店业向世界传播中华文化，尤其是现代中华文化的价值观。以精品饭店为代表的饭店设计和建设，能够满足人民群众日益增长的文化需要，最大限度地展示和传递中国的民族文化，增强中国文化在国际社会的影响力。

六、经典案例

案例一：隐居集团

（一）区域布局

隐居酒店集团创立于2011年（原为杭州悦因酒店管理公司），总部设在杭州西子湖畔，主要经营管理隐居系列高端度假饭店、隐居系列餐厅及为会员客户提供专属定制隐居度假服务（见表6-6）。集团目前拥有隐居西湖（杭州）、隐居海上（三亚）、隐居逸扬（扬州）三个已开业的自营度假饭店，另有隐居丽江、隐居黄山、隐居台湾、隐居不丹和马尔代夫及欧洲等多家签约合作酒店，未来还将重点建设隐居繁华（上海）、隐居洱海（大理）、隐居桃源（无锡）等重点度假城市酒店项目。隐居集团因其独特的隐居理念、品牌化经营以及独创的"隐式"服务使其在过江之鲫的饭店行业内迅速脱颖而出，成为中国最具发展潜力的度假饭店品牌。

表6-6 隐居酒店集团已开业酒店品牌

主要品牌	文化主题	规模	开业时间	服务内容	
				个性特征	共同特征
隐居西湖（杭州）	地中海式，东南亚式，美式，新中式，简约法式	8个片区，4幢别墅，49间客房	2011年6月	家庭式厨房，儿童游乐区域，西湖美景	饭店用品皆选自世界知名品牌 坚持酒店环境的优美性 24小时零等待专属管家服务 融合地区人文环境的独特度假体验设计
隐居海上（海南）	超现代风格	200间客房	2012年9月	360度海景房，全智能遥控系统控制，城市艺术光雕展示	
隐居逸扬（扬州）	雅士文化	54间客房	2013年12月	温泉休闲中心、古琴下午茶、天然氧吧	

（二）品牌塑造

1. 品牌定位——"小奢型"精品度假饭店

面对竞争激烈的饭店行业，一个成立仅四年的本土酒店新兴品牌为什么能够在较短时间内占领市场，并成为资本市场的宠儿？其成功的秘诀在于其精准的市场定位。

隐居集团的创始人正是看到了中国休闲度假市场的发展潜力，在品牌创立之初就定位为"小奢型"度假饭店，追求高端、精致、个性，目标人群是35～50岁的文人雅士群体，这部分人往往拥有较高收入，是高素质的人群，具有一定的人文情怀。隐居酒店的粉丝被称为"悦隐族"，在隐居酒店的官网上对悦隐族的界定是：观念现代、行动积极、精神富足的社会先锋和文化显贵。专注服务于高端度假这一细分市场使隐居系列酒店在短时间内占领了我国高端度假饭店市场的制高点。

2. 极致服务——"中国隐管家"零等待服务

"尊重、关怀、创造"是隐居集团的核心价值观，除了赶超五星级饭店的高品质环境外，隐居酒店独创的"中国隐管家"零等待服务更是赋予了酒店独特的吸引魅力。

隐居酒店倡导为顾客提供24小时隐身管家服务，让客人"零秒等待"：抵达酒店的第一时间能进自己的房间，退房时也无须查房即可办理退房手续；随时准备为客人服务的私人管家像家人一样打理着宾客生活的每一个细节，无障碍、无干扰的隐式服务让顾客可以更好地体验曼妙的隐居时光。

与安曼集团倡导的无微不至的仆人范儿不同，隐居所追求的是家人范儿的服务，未来要追求的最高境界是友人范儿。例如，晚间睡觉前，管家会端来热腾腾的牛奶给住客；管家还可以用自然亲切的口吻与客户进行沟通交流，如出门会问"今天下雨有没有带伞啊？"即便是深夜回家管家也会贴心地问询第二天需不需要用早餐；甚至可以做到客人在庭院看书时上前探讨这本书的价值，真正做到管家服务与客人亦亲亦友，给客人带来最极致的入住体验。

3. 经营管理——会员制、低成本运营模式

在中央反腐倡廉的政策主导下，高档酒店的市场份额骤然萎缩，而隐居系列酒店却以高于星级饭店的价格，保持着稳定增长的趋势。其核心竞争力不仅在于其精准的市场定位、个性化的产品设计，更体现在其会员制、低成本的运营模式上。

隐居酒店不做旅行社团队、政府会议等业务，没有政府采购价、会议团队价，只有会员价。目前，隐居酒店的会员已经发展到了三千多人，公司会经常举办一些小型沙龙，并且还会为会员量身制订全球度假计划。隐居酒店为会员提供的独有的"度假＋理财"创新模式，保证了会员体系的稳健成长。

隐居集团所倡导的低成本化经营，更好地保证了企业的赢利能力，例如，隐居酒店不设前台，没有电梯，只有一个管家为住店客人提供全方位的服务等。

4. 未来发展——结合地方特色进行规模扩张

与经济型饭店的同质化的扩张模式不同，隐居系列度假饭店的建设有着严格的标准。必须符合以下几个条件：

（1）窗外的风景必须令人心旷神怡；

（2）酒店的室内设计必须独具匠心；

（3）酒店本身必须处于清雅宁静之地，即使身处繁华之区也必须是闹中取静之地；

（4）酒店必须注重客人居住体验的所有细节，从物质到人文；

（5）酒店必须控制规模，小而雅致，小众而非大众。

基于此，隐居系列的每个酒店设计都很好地融合了当地文化及环境特点，通过不同的文化主题来阐释隐居理念。例如，隐居逸扬是以扬州历史的文人、书画为主题的酒店，即将开业的隐居桃源是以桃文化为主题的首家馆藏式度假饭店，这对于更为注重酒店的"个性"的消费者来说可谓是正中下怀。

品牌连锁化经营是酒店发展的必然趋势，隐居集团以隐居西湖连锁别墅度假饭店为起点，现有隐居西湖、隐居海上、隐居逸扬三家酒店已开业，目前正在全国范围内进行战略布局，隐居繁华（上海）今年10月开业，隐居桃源（无锡）正在筹建中，未来还要建设隐居洱海（大理）以及隐居西湖杭州旗舰店，2015年至2020年，隐居集团将逐步开展境外酒店的开设工作，计划至2020年境内隐居酒店将扩张到30家，境外隐居酒店增至8家，致力于打造具有世界影响力的中国本土度假饭店第一品牌。

面对竞争激烈的酒店市场，隐居酒店集团作为饭店行业的后起之秀，在不断学习竞争者的成功经验的基础上，也从未停止过对适合自身发展路径的探索。坚持品牌先行、服务品质为核心的经营战略，把客户体验、感受以及舒适放在第一位，专注于服务高端休闲度假市场，坚持以酒店为度假目的地的发展模式，开创了未来休闲度假发展的新方式，具有良好的发展前景。

案例二：平江府精品酒店

书香世家·平江府是书香酒店集团的旗舰店。在这里，酒店展示给宾客的不再是奢华的妆容，而是对酒店服务的一种极致诠释，是一种理想的生活方式，一种艺术生活的回归，一种文化体验的过程。平江府将传统文化与现代文明完美结合，重新定义酒店"个性化、格调化、艺术化、品质化"的理念，这便是平江府特色化经营的精髓所在。对环境的布局及装饰的风格个性化；对文化的追求及服务的内涵格调化；对雅集的演绎及生活的诠释艺术化；对酒店的感知及员工的精神品质化。

1. 古韵今风——传统与现代交融的环境布局及装饰风格

书香世家·平江府，是书香品牌最好的诠释，而这难以复制的"苏州味道"，则源自于一处别具特色的私家名园——半园。具有300年历史的半园曾经沦为街坊的茶室，平江府的缔造者们让这座园子重获新生。半园别具一格的半亭、半廊、半桥、半舫、半阁，处处流露出中国古代士大夫追求"事不求全，心常知足"的精神境界。宾客在此漫步、品茗、听曲、赏乐、刺绣、书画，仿佛时空转换，物换星移。

设计师在酒店的内部装饰上也投入了很多精力和心思，客人能时时刻刻体会到平江府所独有而浓重的古典文化气息：苏工制作的精美红木家具，雕刻着《陋室铭》的小茶几，民国的雕花红木喜床，客房内的文房四宝，清代精美的银饰，仿宣纸的信笺，临水而居的客房，定制的陶制茶具，古典与现代结合的美人榻等，平江府就是以这样一种方式，精雕细琢，在细节中不断寻求灵感，力求将苏州传统的文化精髓以现代的表现形式展现出来，让每一位宾客深刻体会和享受江南文化。

2. 书香传世——浸润苏州味道的文化底蕴及服务内涵

平江府崇尚的"五香"生活艺术，就是苏州味道的完美绽放。"书香"，来自门厅大堂的楹联字画、文房四宝，以及每一间客房内门类丰富的书籍；"熏香"来自高雅的檀木等，幽雅如兰的芳馨缕缕不绝萦绕在府中，闻之能不心神宁静？"茶香"，这里四季更换的花茶、绿茶、乌龙茶、红茶，品一杯清茗，何不俗虑顿消；"花香"，府内四季花开不败，佩戴一枚酒店赠送的白兰花或茉莉花，定能使人神清气爽；"食香"，品尝地道的苏州美味平江府官府家宴、雅集宴，当然齿颊生香，回味无穷。

想客人所想，解客人所难，这就是服务的真谛。平江府精品酒店正是始终如一地践行着这一理念。

3. 艺术生活——重现古代文人艺术雅集及生活方式

雅集是中国古代文人雅士聚在一起，通过焚香、点茶、挂画、插花或者吟诗、抚琴、弈棋、鉴物等艺术交流活动陶冶情操的小型聚会。平江府结合酒店的特色及文化内涵形成了一套可以让宾客参与、顾客定制的私家艺术生活雅集体系。

艺术生活雅集，是以茶事、艺术、养生为主题，通过茶道、书道、香道、花道及食道等的演绎，体现优雅的苏州生活方式。艺术生活雅集，定期聚集文化圈知名艺术家、传统文化爱好者进行艺术交流、创作、分享，重现苏州文人生活，推广苏州工艺，复兴传统文化。

4. 宾至如归——无处不在的归家感受及知客精神

每一位入住过平江府的客人，除了被其浓厚的文化氛围所感染外，更对酒店各个方面的服务赞不绝口。酒店每周都会收集客人们对酒店及服务的评价，并在书香酒店集团内部进行传播，目的是为客人提供更优质的服务。酒店从营业以来，综合网评一直在4.7分以上，酒店还有一个知客班组更是正能量的代表和榜样。

书香世家·平江府酒店"知客班组"由年长的师傅组成，平均年龄在50岁左右。他们都是老苏州人，对于苏州的文化有着全面而深入的了解。他们每天帮客人提行李、开车门、介绍酒店、解答疑惑，讲述"老苏州"的故事，客人们也听得津津有味。为了更好地为外国友人服务，知客大叔们克服了年龄大、记忆力衰退等困难学习英语，现在他们已能使用简单的英语与外国宾客沟通了。岁月的洗礼更赋予了他们对生活的理解和领悟。他们将半辈子的生活沉淀都融入了为客人服务之中，彰显出服务的大气与蓬勃，不知不觉已成为平江府的"金字招牌"，更是苏州文化的传播者。知客大叔们渊博的知识，待人接物的热情与真诚，对工作精益求精的态度，面对困难迎难而上的勇气，成为饭店员工学习的榜样。

"体验苏州文化，享受府邸生活"，是书香世家·平江府的品牌理念。在这家可居、可游、可赏的酒店里，每分每秒都在体验着300年的古典园林生活方式，3000年的古苏州文化历史，是人生不可多得的赏心乐事，难怪许多宾客由衷地赞叹，称平江府为"古城区最有苏州味道"的酒店。

入住书香世家·平江府，可体验低调的奢华，私密的尊享，深厚的文化，愉悦的生活，在最苏州的味道中感悟生命，调养心性，享受"府中方一日，世上已百年"的快乐人生。

第七章
度假饭店聚焦休闲和体验

度假饭店通过系列体验项目，塑造浓厚度假氛围，注重环境和娱乐，为游客提供卓越的休闲和度假体验。它们或者处于著名观光度假目的地周围（或之中），便于客人体验有特色的休闲旅游产品；或者本身就是旅游目的地，通过酒店设计、周到服务和特色娱乐等吸引客人。

一、发展环境

休闲时代到来将推动度假旅游的快速发展。2013年发布的《国民旅游休闲纲要》提出，全面建成与小康社会相适应的现代国民旅游休闲体系。到2020年，国民旅游休闲意识将普遍提高，旅游休闲公共服务更加完善，产品更加丰富，支付能力增强，职工带薪休假制度得到较好落实，人们进行旅游休闲活动更为便利，旅游休闲满意度将更高。《国民旅游休闲纲要》的出台，为旅游业指明了新的方向，将给民众以希望，"有钱、有闲和有旅游意愿"三个旅游休闲的必要条件有望得到有效落实，将促进更多国民外出旅游休闲，旅游业将从大众旅游时代逐步进入大众旅游休闲度假时代。

快速推进的新型城镇化为度假饭店提供了潜力强劲的新兴客源。2013年，我国城镇化率达到53.7%，比2012年提高了1.16%。户籍制度改革、土地流转、统筹城乡发展、优化产业结构等一系列新型城镇化政策的出台，释放出极为巨大的度假饭店发展空间。在目的地度假和休闲式度假比例明显增加的大背景下，无论是市场开拓，还是投资注入，度假饭店都面临着极为难得的发展窗口期。以北京为例，随着京郊城镇化的加速，基础设施日趋完善，度假游客数量和花费都有大幅度增长。2013年，北京市居民在京旅游人数9983万人次，同比增长10.8%；旅游消费334亿元，同比增长18.6%；人均花费335元，同比增长7.1%。其中以散客为主的短途游占据了主要市场份额。与急剧增长的市场规模相比，目前北京郊区高品质度假饭店寥寥无几，五星级高端度假饭店仅有20家左右，满足不了游客的需求。与此同时，政府不断出台的反腐新政，极大地影响了度假饭店的原有市场。"三公"消费的大幅度压缩，使得依赖政务、商务、会议的度假型饭店经营萎缩。消涨之间，我国度假饭店的市场结构和发展途径正在经历着历史性巨变。

经济的快速增长和政策的引导，使得度假饭店企业人员开始真正注重顾客体验，真正面向大众度假市场。让高端度假物有所值，让大众度假住宿体验性价比提高，成为度假饭店经营者不得不考虑的问题。在大众旅游市场上，2013年，我国有1.2亿人次的团队游客，31.4亿人次的散客，还有近600亿人次的旅行构成了全球最大的旅游市场。从2014年上半年旅游经济运行情况来看，市场需求面仍然保持了两位数的增长。经济增长、居民收入增加、带薪休假制度的落实，以及《国民旅游休闲纲要》《旅游法》和《关于促进旅游业改革与发展的若干意见》等政策效应的显现，我们有理由相信未来十年仍将是中国旅游业的黄金发展期，也一定是大众度假饭店的黄金发展期。

在高端度假市场上，以家庭宾客为主体的度假需求将在未来显现出更大的潜力。面向家庭游客，提供与之需求相符的高品质产品将会有很大的发展空间。例如，杭州第一世界大酒店是宋城集团旗下五星级的东南亚热带雨林主题酒店，利用与杭州乐园、烂苹果乐园、浪浪浪水公园、云曼温泉相通相连的优势，迅速推出了多种适合家庭客人、性价比较高的旅游度假套餐。其中玩转金秋乐园套餐1098元，除了含有主题酒店高级房1晚、泰香阁中西自助早餐2份之外，还包含云曼温泉门票2张、烂苹果乐园或杭州乐园门票2张。这种产品面向江浙本地及周边的客人，主打两三天短途高品质自驾游。正确的市场选择和与之对应的产品策略不仅提升了饭店业绩（收入与平均房价均有上升），还有效地塑造了宋城游客的休假模式。当前，游杭州宋城旅游区，住第一世界大酒店，泡云曼温泉，游杭州乐园、浪浪浪水公园、烂苹果乐园，看世界三大名秀之一《宋城千古情》，已经成为大众认可的休闲度假模式。

二、主要品牌和最新成长

由于度假饭店的包容性较强，位于度假目的地或邻近度假目的地的饭店可以称之为度假饭店，本身特色鲜明，吸引客人前往度假的饭店也可以称之为度假饭店。与著名度假区（如海南、云南的某些区域）在空间位置上关系密切（位于或相近），具有完善度假功能且得到度假者认同的饭店（如这些区域的大部分高端饭店）可以归于度假饭店的范畴。同时，设计精妙、气氛适宜，本身就是度假吸引物，同样也得到度假者高度认可的大部分精品饭店也可以归于度假饭店的范畴。因此，可以这样说，当前几乎所有度假饭店品牌都已登陆中国。像悦榕庄、安缦、凯悦、四季、雷迪森、法国雅高集团的美憬阁及大中华区第二家宜必思尚品饭店等，华住酒店集团的首个中高档度假饭店品牌漫心，浙江隐居集团的隐居品牌，御庭酒店集团的御庭品牌以及柏联酒店都可以看作是度假饭店品牌的重要代表。具体情况如下表。

表7-1 中国度假饭店主要品牌和最新成长

品牌	定位	主要特征	目前分布
悦榕庄	高端度假饭店	在风光优美的休闲旅游地打造顶级精品度假村，并通过战略调整，转型进入城市高端酒店领域	上海、丽江、仁安、三亚、杭州和澳门
安缦	高端度假饭店	杭州"法云"：闹中取静，佛禅养心 上海"养云"：养心中的和气祥云 北京颐和安缦：安缦主人，独享颐和	上海"养云"、杭州"法云"、北京颐和安缦
安纳塔拉（泰国品牌）	高端度假饭店	每个安纳塔拉度假村都会按照当地环境及特色来装饰，在中国到2014年以前将开业6家度假村，分别位于海南三亚及保庭、云南西双版纳、重庆武隆、成都峨眉山以及杭州千岛湖	海南三亚、云南西双版纳
One&Only 度假饭店	全球顶级度假饭店	One&Only每个度假饭店都坐落在风光最为优美的地点，让宾客亲历当地文化、独特风情，感受其诚挚热情的服务和无出其右的活力与热情。酒店配套米其林三星餐厅、高雅私密的E-SPA	海南三亚海棠湾

续表

品牌	定位	主要特征	目前分布
凯悦	高端度假饭店	推出两个全新的全包度假饭店品牌：凯悦 Zilara 和凯悦 Ziva。凯悦 Zilara 专注于成人度假需求，主要通过度假活动丰富客人度假体验；凯悦 Ziva 则专注于家庭度假需求，极为推崇"地中海俱乐部"模式，该模式更符合中国消费者需求，没有任何隐藏费用，可以提前做好预算。有儿童俱乐部、亲子空间，夫妻带孩子旅游可以享受亲情度假时光	目前已在三亚、丽江、上海崇明岛、长白山建有度假饭店
喜来登	高端度假饭店	主要选择具有自然景观和人文特色的城市，例如长白山万达喜来登度假饭店设有多种滑雪设施；湖州喜来登温泉度假饭店设有温泉、水疗及泳池设施共101个，有两座27层高的指环形塔楼	长白山、湖州，未来三年将在云南迪庆、海南三亚土福湾、宁波象山、北京西山等地新推5家度假饭店
万豪（圣光万豪酒店）	五星级度假饭店	中国第一家绿色三星建筑饭店，并会成为全球首家全程碳足迹记录酒店	天津
假日（洲际旗下）	五星级度假饭店	主体建筑、内部装潢都彰显出匠心独具的魅力，豪华一流的硬件设施为顾客提供了多样化的高端选择	云南、三亚等
皇冠假日	高端度假饭店	作为定位于国际高端市场的豪华度假饭店品牌，为客人的度假社交提供宽敞雅致的空间，其度假饭店在云南各旅游度假城市多有分布	丽江和府皇冠假日酒店、西双版纳避寒皇冠假日度假饭店、丽江古城英迪格酒店和昆明洲际酒店4家开业酒店，昆明西环皇冠假日酒店、腾冲腾越皇冠假日酒店等8家度假饭店正在建设

续表

品牌	定位	主要特征	目前分布
丽思卡尔顿（万豪旗下）	高端度假饭店	"丽思"已成为一个奢华浪漫的酒店代名词，象征全世界的最好的住宿、餐饮、服务	北京、广州、三亚、香港、天津、深圳、上海等主要城市
铂尔曼	高端五星度假饭店	拥有别墅和豪华客房，致力于为客人提供极致度假体验	三亚（2家）、张家界（1家）、丽江（1家）桂林（1家）
凯宾斯基	高端度假饭店	酒店拥有374套格调高雅的客房及套房，以及25栋奢华别墅，秉承"天人合一"的生态理念，将中国传统文化与欧洲生活艺术完美结合	凯宾斯基中国区首家度假饭店——开维·三亚海棠湾凯宾斯基酒店
文华东方	高端度假饭店	文华东方酒店仅在全球一线城市落户，而且每个城市仅落户一家；酒店的选址必须位于城市最核心地段、毗邻最高端物业	三亚、深圳等地共6家
索菲特	高端度假饭店	优雅豪华的托斯卡纳建筑风格与地中海风情交会，是商业或休闲活动的完美场所	上海（佘山脚下）、南京、沈阳、贵阳
康莱德（希尔顿旗下）	高端度假饭店	康莱德酒店及度假村为追求享受、日益雅致的中国旅客打造了一个集时尚、服务与文化于一身的世界。酒店可以为旅客提供与众不同的服务，让其感受到"真我奢华，唯您独享"的服务理念	三亚、澳门、北京
香格里拉	高端度假饭店	占地18万平方米，拥有340间典雅宽敞的客房及8栋双层别墅，直面山海美景，坐拥绵延300米的洁白沙滩	三亚香格里拉度假饭店是香格里拉酒店集团在中国地区开业的首家度假型酒店

续表

品牌	定位	主要特征	目前分布
万丽（万豪旗下）	高端度假饭店	三亚万丽度假饭店是万豪旗下的万丽品牌，首次进驻海南市场，同时也成为该品牌亚太地区旗舰店。所有客房均配备无线及高速上网接入、iPod基座、平板电视和各种先进科技；为全家出游的客人们开设了"游戏天地"；拥有保龄球、私人影院、台球、乒乓球以及Wii、Xbox电玩区；多个单人专用理疗间的泉水疗中心及设施齐全的现代健身中心	北京、海南三亚
华住高端漫心	中高端度假饭店	漫心首创迎候式入住服务：客人可以自在地在酒店的客厅里品茶，或者在花园里散步，或者直接进入自己的房间，而手持iPad的酒店服务人员，已经将入住手续办理好了。高科技的运用让客人从进门的一刻起，就享受美好时光，同时向烦琐说再见	云南丽江
隐居品牌	高端度假饭店	隐居以满足社会精英追求别具一格的特性、发展会员制为模式，通过品牌连锁、金融增值创新、会员圈层确立的多种复合手法，开发新兴中产财富人群的度假消费市场，快速高效地切入高端度假饭店市场。在短时间内创造差异化价值，构建富有"隐居"特色的度假体系	杭州隐居西湖、三亚隐居海上、扬州隐居逸阳为三大自营度假饭店品牌

续表

品牌	定位	主要特征	目前分布
御庭品牌	高端度假饭店	在国内环境优美地点发展高端度假饭店，注重身心的愉悦、回归自然的度假理念，注重建筑与环境的绝佳配搭，提供亲切的服务。各种活动及服务中突出美食及SPA，适应高端旅游度假人士的生活方式	云南、浙江、南京、
雷迪森	高端度假饭店	在浙江各地的度假饭店分别有不同的特色主题，并将当地文化融入其中	浙江、长三角地区以及天津、山东
柏联酒店	高端度假饭店	注重自然保护的建筑理念，追求品质、风格、品位的人文情怀，强调生活方式的创造力。柏联SPA精品饭店融入了中国传统文化及地域文化，汲取养生的精华，形成了柏联独具的魅力和特色。注重打造全新舒适、私密、高端的酒店品牌，以高品质、高水准的产品和国际化管理为核心竞争力	重庆、昆明、景迈山（云南）、和顺（山西）
桔子酒店	高端城市度假品牌	适当引进精通双语、服务意识较强的外籍人员，并与外国某餐饮公司合作，共同投资管理酒店内餐饮、酒吧、咖啡厅等，后期或将在酒店内布局画廊，以期打造前卫的人文环境	品牌首家门店位于北京市后海景区附近（尚未开业）
Urban Resort Concept（简称URC）酒店	奢华度假饭店	致力于打造城市度假村，花园、泳池、网球场是其特色	上海璞丽酒店和武汉璞瑜酒店（已开业），北京、厦门、成都、哈尔滨、南京、三亚多个城市都有发展项目

续表

品牌	定位	主要特征	目前分布
帐篷客度假饭店	帐篷露营度假类酒店	以帐篷风情度假饭店为核心，结合特色美食餐饮、景区观光、休闲旅游、户外运动、露营野炊等各大旅游板块，扩展形成"1+N"复合型度假产品模式。每一家"帐篷客"都精心设立在著名旅游景区的中心，为非永久性建筑	杭州瘦西湖、溪龙茶谷度假饭店
开元度假村	五星级豪华商务休闲度假饭店	五星级豪华度假饭店品牌，选址海滨、环湖或山麓，占尽绝佳自然环境，为观光游客和家庭出行营造轻松丰盈的假期体验	浙江南浔古镇、千岛湖、太湖、北戴河、象山、宁波、普洱、温州、余姚等知名度假目的地
红树林系列度假饭店	五星级度假饭店	有近2公里长的地中海风情、加勒比海风情、挪威海风情的室内运河商街，以及电影城、美术馆、室内溜冰场、温泉馆、儿童体验城等文化娱乐休闲设施，地处灵山湾国际旅游度假区的核心地带。红树林酒店为股权式酒店，业主拥有产权，可委托酒店管理经营客房，获得分红	北方最大的度假饭店位于青岛，三亚红树林、北京红树林，广州从化、云南丽江、福建武夷山均已布局
君澜度假饭店	高端度假饭店	集团聚力旗下君澜、君亭两大品牌。君澜为顶级度假饭店，以深耕高端度假领域的蓝海策略打造巅峰民族酒店品牌，为宾客提供高品位、深厚文化内涵的产品与服务，量身定制宾客的度假体验	浙江、海南、云南、上海、重庆、江苏、湖北、江西、安徽、福建和山西等十几个省市。海南是君澜酒店集团除长三角区域外业务发展的重要基地之一，管理3家高星级饭店，包括：三亚君澜度假饭店（五星）、七仙岭君澜度假饭店（五星）、香水湾君澜度假饭店（五星）

三、区域布局

(一) 我国度假饭店投资方兴未艾

2013年至2014年高端度假饭店开业密集，2014年以来开业的度假饭店接近30家。在开业度假饭店地域分布上，海南省（10家）、浙江省（8家）以及广东省（6家）位居前列，大部分饭店集中于长三角和珠三角以及海南经济圈。这些地区或经济发达或旅游资源丰富，能够给饭店提供稳定的客源。著名的度假区域也成为投资的热门。例如喜来登酒店未来三年将在云南迪庆、海南三亚土福湾、宁波象山、北京西山等地新推5家喜来登度假饭店。

(二) 三亚和云南是度假饭店分布的密集区域

作为全国唯一的热带海岛，优越的生态环境与度假饭店的完美组合，使得海南成为度假饭店分布的重镇。海南三亚海棠湾拥有度假饭店10余家，年接待游客能力超过150万人次。未来海棠湾22公里的海岸线上计划建设30多家高端度假饭店，或预示这些区域的竞争更趋于白热化。

(三) 云南是度假饭店的必争之地

随着云南通往东南亚、南亚大通道的建设，入滇出境的交通条件大为改善；昆交会、东盟华商会等国际会展论坛平台的搭建，云南的国际交往逐渐增多，人流、物流、信息流增加，更多的海外游客涌入云南，为建设度假饭店、发展度假旅游提供了广阔的市场。除洲际酒店已在云南布局外，像皇冠假日酒店及度假村、英迪格酒店、假日酒店及度假村、智选假日酒店及华邑酒店等度假饭店品牌，也都纷纷开始入驻云南市场。雅高旗下专为现代商务人士及休闲旅游者精心设计的铂尔曼饭店2014年4月1日在云南丽江开业，拥有79栋别墅和51间豪华客房。到2015年，云南省引进或新建的国内外高端度假饭店品牌将不少于60家，以此带动度假旅游的发展，吸引国际高端客源，打造国际知名的旅游目的地。

（四）大型旅游综合体圈地占位

万达集团在长白山和西双版纳等地都以综合体的形式进行了巨额度假饭店投资。万达长白山国际度假区根据长白山特点量身定制了9座风格不同的度假饭店，区内共有各式房间5800余套，大中小型会议室、宴会厅、特色餐厅、泳池、健身房一应俱全，适合各种度假、会议、商务活动。

度假饭店品牌包括柏悦、威斯汀、凯悦、喜来登、假日度假、套房假日、智选假日和宜必思尚品等。万达西双版纳国际度假区酒店群包括六星级文华酒店和四星级的希尔顿逸林酒店和假日酒店，酒店群占地约29公顷，总建筑面积为14.2万平方米。与万达旅游开发商业模式相类似的有红树林，采用旅游综合体和股权式度假饭店的方式在全国多点布局。

四、发展创新

（一）注重市场细分

面临日趋激烈的竞争，度假饭店力图为目标市场提供更为满意的服务。雅高集团旗下品牌铂尔曼提出商务与休闲结合的"Bleisure"概念，并用无限制上网、美食体验以及享受酒店内酒吧、餐馆、电视点播等一条龙休闲服务充实酒店服务内容，从而将商务旅行与休闲度假完美融合。杭州第一世界大酒店在确定了度假市场和深挖家庭宾客方向后，持续推出多种度假产品试探市场反应，并随之不断调整，培育和巩固其在该细分市场的优势。三亚君澜度假饭店对自己的主要客源地进行深入探访，针对国内西南市场推出了"尊享君澜"套餐，针对婚庆市场，酒店增设婚庆市场开发人员，并与专业婚纱影楼、水上运动中心进行合作，开发婚庆产品。面对中端度假市场，许多饭店尝试"报价"经营策略，在客房、景区门票、娱乐项目等方面"一价全包"，让客人从进店到离店，可以全过程享受度假饭店提供的一站式旅游综合服务。山东良友富临大酒店深挖中端度假市场，不仅提供客房＋趵突泉门票（护城河畅游、泉水浴场）、客房＋泉水宴套餐、客房＋明湖居＋历山剧院演出门票等创新产品，还计划与旅行社合作设计"二、三日游"产品，取得了良好的市场反应。

（二）注重品牌塑造

喜达屋、希尔顿、温德姆、洲际、凯悦国际酒店集团利用其品牌优势积极布局国内高端度假市场，并力图使其品牌内涵更深入人心。近两年，这些国际品牌在著名度假区域频频开业，形成了一波又一波的品牌影响。近两年开业的重要度假饭店有：重庆温德姆度假饭店、广东温德姆至尊豪廷度假饭店、三亚崖州湾金查尔顿度假饭店、蓝湾绿城威斯汀度假饭店、三亚香格里拉度假饭店、希尔顿逸林温泉度假饭店、金茂凯悦五星级度假饭店、三亚海棠湾天房洲际度假饭店、海南清水湾假日度假饭店、清水湾绿城威斯汀度假饭店、惠州白鹭湖雅居乐喜来登度假饭店、舟山朱家尖绿城威斯汀度假饭店、海南七仙岭希尔顿逸林温泉度假饭店、湖州喜来登温泉度假饭店。不仅如此，国际酒店集团在度假市场上还针对中国市场融入更多中国文化元素，如洲际集团的华邑、凯宾斯基的诺金等。本土饭店集团也力图在度假市场上有所作为，通过加快区域布局提升品牌影响力。开元酒店集团在建或新近开业的度假饭店就有禅养·开元度假饭店和沧州盛泰开元温泉度假饭店。君澜酒店集团在建或新近开业的有杭州千岛湖梅地亚君澜度假饭店、安吉君澜度假饭店和长沙君澜温泉度假饭店。维也纳酒店集团在 2014 年 8 月也新开了维纳斯皇家温泉度假饭店。

　　在品牌的具体塑造上，度假饭店也孜孜以求。如三亚君澜度假饭店将自身品牌定位为"顶级休闲度假饭店"，品牌内涵是相对稀缺的自然或人文资源、独特的建筑风格、原创性的室内设计及鲜明的文化主题，相对排他性的特色产品以及高品位的休闲设施及带有江南气息的细腻、亲切的个性服务；以"品质度假"为核心进行市场推广，提出了"真正的度假，在君澜"的口号，升级开发了"爱尚君澜""唯美君澜""君澜Q宝贝"等度假产品。为了充分阐释其品牌内涵，三亚君澜度假饭店将之细化为："不以豪华材料装饰取胜，以文化内涵取胜""不以硬件设施自豪，以软件、优秀员工自豪"和"不以常规服务自信，以差异个性服务自信"。三亚君澜度假饭店希望为客人营造拥有如"俱乐部"一般的时尚氛围，如"博物馆"一般的文化艺术氛围，如"家"一般的温馨氛围的舒适居住空间，并提供期望的服务。三亚君澜度假饭店还进一步通过相应的产品设计来具化其产品理念，如：无敌海水沙滩景色、船木制作家具、生活起居的细节点缀等。

（三）注重产品细节

　　度假饭店的长时间体验决定了宾客对产品品质的要求更为苛刻，因此度假饭店更加注重产品细节。隐居品牌通过对细节的把握充分表现出其对顾客体验的重视，特别在意所有的触摸细节，力争在设计感上做到极致。不仅如此，在小用品上也争取达到极致：洗漱用品用最好的洗发露，梳子用檀木梳子，棉织品床用最好的鸭绒。隐居品牌在服务流程设计上同样注重细节的把握，考虑到儿童对服务的需求与成人不同，在服务、餐饮、用品等方面与成人区别开来，细节的系统累积形成了隐居品牌独特的竞争优势。

华住的慢心品牌注重选址细节与设计细节的共振同声。丽江慢心度假饭店位于大研古城的狮子山半山及山脚，由7个古院落组成。古老的文化积淀与舒适的现代设备结合，形成了浸润身心的度假氛围。同时漫心提供迎候式入住服务，利用现代科技实现无入住手续的入住。三亚君澜度假饭店力求亲民，倡导以回归宁静、回归自然、回归山水、回归家庭为内涵的品质度假理念，在服务方面，增加了"儿童天使"岗位，开发针对儿童的亲子活动，编制家庭度假服务指南，引进SPA服务项目。客人可免费使用酒店的泳池、海滨泳场、水上滑梯、儿童滑梯、儿童沙滩、儿童乐园，可免费租借使用儿童沙滩玩具、泳圈、沙滩排球、足球、水上篮球等。儿童宾客也可免费体验陶艺。在交通方面，酒店设立了免费穿梭巴士，与外包车队合作，充分满足宾客的出行需要。在特色服务方面，酒店利用300种热带园林植物开展科普活动。长白山万达宜必思尚品酒店凸显其卧具优势，力推拥有坚实并可调节的床架，具有良好弹性和支撑力的床垫，以及柔软的被子和枕头的"Sweet Bed"，为客人提供舒适的睡眠体验。

（四）提升在度假系统中的枢纽地位

度假饭店不满足于单纯的住宿需求的满足，而是期望在旅游诸要素中获取更有利的地位。一个表现是，高星级度假饭店向景区化发展。海南度假饭店在这方面比较明显，景区化饭店往往具有热带海岛特色鲜明，宽广、通透的大堂，饭店拥有凸显各种异国风情的热带特色园林，有滨海式、高尔夫式、温泉式、别墅度假式等，如海口观澜湖度假饭店、金茂三亚丽思卡尔顿酒店、三亚亚龙湾五号度假别墅酒店、三亚海棠湾康莱德酒店、香水湾君澜度假饭店等，每个饭店就像一个景点，受到度假游客的欢迎。一个表现是，以饭店为核心，深度参与到游客的度假体验中。换言之，就是以饭店为主导或作为提供服务的主体，整合周边行、游、购、娱等要素，打包成两日游或三日游的旅游线路产品，使饭店由单纯的吃、住功能，逐渐扩展为集吃、住、行、游、购、娱于一身的综合度假功能体。如北京燕莎中心凯宾斯基饭店推出了 2988 元即享 5 天 4 晚的半自助度假套餐，该套餐包含首都机场到酒店的接机服务、每日 2 份早餐、双人八达岭长城 + 定陵一日跟团游、故宫门票 2 张等。北京万豪酒店也推出了 5 天 4 晚的半自助度假套餐，含豪华房 4 晚住宿 + 双人八达岭长城、定陵一日游。北京希尔顿酒店也出了 4 天 3 晚半自助度假套餐。泰安市东尊华美达酒店除了针对短途游、自驾游宾客设计推出"房 + 自助 + 泰山门票 + 封禅大典演出或刘老根大舞台演出"等多种优惠产品组合外，同时推出了"预订客房免费接送高铁服务""开通专线接送往来宾客"等包价产品。

（五）审慎开发分时度假相关产品

分时度假产品与度假饭店具有良好的互补性，天然相融。但是由于过去几年分时度假产品的不规范，使得其发展举步维艰。随着度假市场的日益成熟和市场的日益规范，分时度假产品又开始进入度假饭店投资者的视野，并谨慎试水。明宇集团积极整合旅游地产资源，布局分时度假、时权酒店。利用其拥有度假综合体的优势，既能获得运营酒店的稳定现金流，又能让度假房的业主依托酒店平台享受相应服务，从而带动度假房的销售。当前明宇海南三亚海棠湾项目已启动，项目包括海景住宅和五星级饭店。按照规划，明宇将以成都为核心，新疆、吉林和海南三地相互呼应，试水分时度假模式。红树林酒店通过度假卡的形式推广分时度假产品。红树林系列度假饭店的全国网络遍布海南三亚湾、亚龙湾、海棠湾、青岛灵山湾、四川都江堰青城山和云南大理、丽江、腾冲以及广东从化等一线度假胜地，在未来 5 年时间内，还将有 10 座媲美拉斯维加斯的五至七星级度假饭店开业运营。届时，全国红树林酒店将有数万间客房投入使用，通过其"换房系统"推广全国自由度假。

五、构建多元化度假接待体系

带薪休假制度是推动旅游休闲的主要措施之一，该制度的落实将确保国民旅游休闲的时间更有保障，更为充分，自由度更大，旅游意愿也将得到显著提升，旅游将有望迎来真正的休闲度假时代。为满足民众多元化的休闲度假需求，我们需要构建多层次的休闲度假住宿接待体系。

(一) 国家级和省级度假区的复兴与升级

当前需要解决国家旅游度假区、省级旅游度假区的复兴与升级问题。20世纪90年代由政府审批设立的12个国家级旅游度假区和100多个省级旅游度假区，概念上更多是按照地理划分的行政区域。这些度假区自然条件优越，早期曾大量建设了各类度假村、度假饭店、疗养院等接待设施，一度风生水起。但因政府操作、扶持或引导，并由政府主导招商和运营，因而市场化程度不高，行政管理色彩太浓，度假产品也较为初级，难以让旅游者深入体验并长时间逗留，目前发展并不理想。随着国民对度假旅游需求的快速增长，这类度假区必须进行升级转型，政府的职能也应作出相应转变，更多是做好度假区的整体发展规划，为度假区提供完善的基础设施和公共服务设施，为区内众多投资主体的运营提供相应高质量的服务，构建良好的旅游度假产业生态系统，把度假区真正打造成大型综合型旅游度假集聚区。

(二) 度假市场需进一步培育创新

企业主导的旅游度假综合体需要进行市场培育与创新。由大型企业主导建设的大型旅游度假综合体是旅游度假区发展的新形式，目前主要分布在适合休闲度假、生态环境良好的著名旅游目的地，如三亚、西双版纳、腾冲、厦门、长白山等地区，知名度较高的有万达集团等联合开发的长白山、武夷山等旅游度假区以及港中旅的海泉湾等。这些度假区多集中了饭店群和会议设施，包括高尔夫、滑雪、水上运动等运动项目，主题公园和演艺等文化娱乐项目，温泉和康疗别墅群、酒店公寓于一体，产品可以一价全包，也可以自由选择消费。这类度假区的发展多是借鉴国际知名度假区的运营发展模式，由于我国民众的旅游度假理念尚处于萌芽阶段，消费习惯尚不成熟，消费水平也不高，因此需要进一步培育国民的旅游度假消费理念，开发适合市场需求的旅游度假产品和服务并提升度假区的运营管理水平。

(三) 丰富和创新现有度假业态和产品

创新旅游度假业态和丰富度假产品，满足旅游度假者的多层次消费需求。当前开发的度假饭店或度假村已初具规模，但面向的市场仍然是高端消费人群。未来应大力发展服务于中低收入者的平价度假饭店，如流行于欧美国家的"住宿＋早餐"度假旅馆。这类度假旅馆既有完善的管理，又舒适、经济、便捷、亲切、安全，非常适合于愿意体验个性化需求、经济又不是很宽裕的度假客人。对于中国这样一个发展中国家，这类度假住宿设施未来有着巨大的市场。而疗养院这类度假设施，未来仍然有其存在必要和发展空间。国内的疗养院多为单位内部职工健康疗养和度假服务，如北戴河聚集着我国中央机关和央企的众多疗养院。部分央企在全国各地都分布有自己的疗养院，如原铁道部有60多家疗养院。由于这些传统疗养院基本是封闭式运行，市场化严重不足，设施设备老化严重，经营效益较低，发展模式也亟须创新和升级。疗养院的服务对象未来应该考虑主要面向低收入人群。《国民旅游休闲纲要》告诉民众，旅游休闲是人人享有的一项权利，但对于那些没有能力支付旅游度假的低收入群体，未来国家有责任通过建立福利旅游或社会旅游制度，确保他们也能享受到休闲度假的权利，而疗养院将是较为合适的载体并将发挥积极的作用。

（四）突破传统度假住宿业态理念

要突破传统的旅游度假饭店住宿设施的概念束缚，把新的住宿形态纳入度假住宿设施体系。一类是自驾车营地和房车以及小木屋等非固定建筑类度假设施，目前在国内已经开始兴起，这类设施为具有一定冒险意识、喜欢野外度假体验的自驾游散客或家庭旅游者提供了极佳的选择。另一类是内陆游船和远洋邮轮，其本身就是一座可漂移的度假饭店，目前内陆游轮主要集中于三峡航段，远洋邮轮国内只有海航旅业及少数几家企业拥有，随着国民支付能力的增强，它们将会受到更多人的欢迎。还有一类是途家网等创新的度假租赁模式，这种模式是整合分散的、闲置的个人房产资源，集中进行租赁经营，提供线下饭店运营的延伸服务，打造性价比极高的旅游度假住宿体验，这类度假住宿发展模式将继续受到关注。此外，未来度假饭店的选址将从目前较常见的海滨、山地转向草原、湿地甚至沙漠等地区。

（五）系统推进分时度假模式

作为对不同区域和时段的度假资源进行优化配置的分时度假模式，在国外有着完善的立法体系和成熟的运营模式，随着国内旅游度假的大发展和信用体系的逐步建立，未来将会在国内获得较大发展。

消费者购买分时度假产品后，每年拥有分时度假系统内度假饭店、度假设施某一时段的使用权，且可通过分时度假交换系统对不同酒店的使用权实行交换。分时度假模式通过对不同时空度假资源实现共享，可明显提升度假资源的使用率，降低消费者的度假成本，既可有效推动度假旅游的发展，也可振兴度假饭店业和旅游地产。

分时度假在发达国家已成为一种备受推崇的休闲度假方式，但在国内却成为"骗局"的代名词，究其原因是发展分时度假是一个系统工程，目前分时度假的生存土壤尚需要培植。分时度假的有效运行需要分时度假消费者、度假饭店投资和开发商、分时度假交换公司、分时度假饭店运营管理公司、行业监管机构等多方共同成长，为分时度假模式在中国的发展创造条件。

目前，消费者需求是客观存在的，但需要加强消费者教育。分时度假倡导的是酒店客房使用权的一种共享，也就是说分时度假产品是一个度假产品，而不应该是一个投资产品。纳入分时度假交换系统的度假饭店的分布区域要广泛，不仅涵括国内，也应涵括国际主要度假目的地，形成全国，甚至全球布局的分时度假住宿设施网络，为消费者提供广泛的选择。但目前由房地产商主导的供给是分散的，分时度假模式几乎沦为地产公司销售房地产的一种手段。未来需要大的旅游地产商和投资机构介入度假饭店的投资、开发和资源整合。分时度假饭店还需要大的酒店集团介入进行酒店的运营管理，一些公司树立起来的分时度假品牌将会显著改善分时度假产品形象并促进销售和转售。值得消费者信赖的、有诚信的分时度假交换网络平台也亟须建立起来。

更为关键的是政府需要制定相应的法规，创造一个诚信的市场环境，在宣传、销售、交易、流通、售后服务等环节制定严格的消费者保护机制，保护消费者的知情权、选择权及其他合法权益，对违规企业进行惩处，以重塑市场秩序和消费者信心。分时度假的发展要求游客的度假时间也应分散而不是集中，这就需要政府加快推进带薪休假制度的落实。

六、经典案例：Club Med（地中海俱乐部）

Club Med 成立于 1950 年，总部在法国巴黎，是全球最大的度假村连锁企业，在 25 个国家拥有 66 间度假村及 1 艘油轮。2013 年，Club Med 实现收入 14.08 亿欧元。自 2010 年开始，复星集团入主 Club Med，持有股份一直上升，目前，复星已持有 Club Med 18% 的股份，成为第一大股东。

（一）发展历程

比利时水球冠军 Gérard Blitz 于 1950 年在西班牙的马略卡岛（位于地中海）成立了第一家 Club med 度假村。

1. 全球扩张

1961 年，Baron Edmond de Rothschild 在体验过一次 Club med 服务后，感觉很好，便将地中海俱乐部进行了收购。在 Rothschild 的资助下，Ceo Gilbert Trigano 开始带领 Club Med 进行了快速扩张。在 20 世纪 60 年代，Club Med 重点在欧洲市场，并于 1966 年在巴黎证券市场挂牌。1968 年，Club Med 在法属西印度群岛开设了第一家度假村正式进入美洲市场。1979 年，Club Med 进入亚洲市场。在此段期间，Club Med 形成了 GO 和一站式全包特色，即你在 Club Med 付费后，可以尽情享受一切设施，并且由懂各国语言的 GO 员工组织活动来调动你在 Club med 下榻期间的气氛。

2. 多元化拓展

1997 年，前欧洲迪士尼 CEO Philippe Bourguignon 开始掌管 Club Med，将 Club med 进行了重新定位，由原先单纯的度假村业务转为综合服务公司，收购了法国健身房、餐厅、酒吧等。战略调整后证明是失败的，在 2001 年美国"9·11"事件发生后，Club Med 陷入了巨大的亏损。

3. 回归主业，定位家庭和高端

2002 年，Henri Giscard d'Estaing 被任命为新任 CEO，并宣布 Club Med 重新聚焦度假村业务，定位高端和家庭度假。通过关闭和出售非主业资产等一系列动作，Club Med 在 2005 年重新开始赢利。

2004 年，法国雅高（Accor）成为了公司单一最大股东，但 2006 年雅高集团也开始回归酒店管理主业，并在当年减持了绝大多数 Club Med 的股票，并于 2008 年彻底退出。在雅高退出后，Club Med 主要股票被财务投资人法国农业信贷银行持有，同时公司管理层基本没有持股，属于管理真空状态。

2007 年，Club Med 在毛里求斯开了第一家五星级度假村。

4. 复星入主，推动中国市场

2010 年，复星投资 2500 万欧元，收购 Club Med 7.1% 的股权（估值 3.52 亿欧元），成为最大的战略投资之一。2010 年 11 月 Club Med 中国亚布力度假村开业。2013 年 4 月，Club Med 桂林度假村开业。

第七章 度假饭店聚焦休闲和体验
Chapter 7 Resort Hotels Focusing on Leisure and Experience

（二）商业模式（参见图7-1）

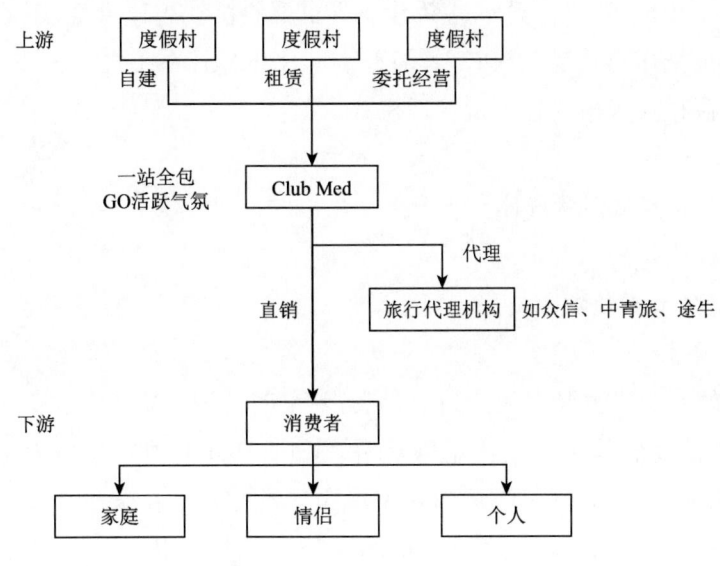

图7-1 Club Med产业链

1. 收费

一价全包模式，包含机场与度假村接送服务，一日三餐国际豪华美食，全天候酒吧免费畅饮，负责供应精美点心，负责提供休闲活动（如健身、游泳、空中飞人）、迷你俱乐部（4~10岁）、青少年俱乐部（11~17岁）、不间断娱乐活动及大型文艺演出。

2. 管理模式

独有的GO特色，GO即法语的Gentil Oranisateur（亲切的组织者）的缩写，是Club Med特有的标志，GO都是Club Med的员工，来自世界100多个国家，个个精通两门以上的语言，并拥有一技之长，以热情和高素质的服务著称，世界上任何一个国家的游客都可以在Club Med得到自己熟悉的语言帮助。GO的主要工作是帮助客人活跃气氛。

3. 运营模式

分为自建、租赁和委托管理3种，未来以推进委托管理及租赁经营等轻资产模式为主。欧洲及非洲是Club Med的发源地，Club Med在该地区拥有46家度假村，其中34家采用租赁的运营模式，7家采用自持物业的模式，5家采用委托管理模式。在美洲，Club Med拥有11家度假村，其中10家为自持物业，1

141

家为租赁。在亚洲，Club Med 拥有 9 家度假村，其中 3 家为委托管理，3 家为租赁。2012—2013 年 Club Med 共新开业 3 家度假村，2012 年 10 月在意大利开设的 Pragelato 采用租赁物业模式，2013 年 4 月和 8 月在土耳其开设的 Belek 和中国桂林度假村均采用委托经营管理模式。

4. 定位

面向家庭及高端消费群体。

（三）竞争要素及竞争格局

1. 竞争要素

度假村的主要竞争要素为定位、运营及品牌。Club Med 定位于中、高收入家庭 4~7 天的度假休闲。相比竞争对手，Club Med 的独特竞争力是其独有的 GO 文化（参见表 7-2）。GO 是 Club Med 员工的缩写，在全球 Club Med 拥有来自 114 个国家 12 865 名 GO，每名 GO 均掌握 2 门以上语言，并且掌握一种技能，可以给来自全球的顾客随时带来欢乐。

表 7-2 Club Med 与其他品牌比较

品牌	Club Med	Carnival	Meliá Hotels	Sandal Resorts	SuperClub
定位	中、高收入家庭	中、高端市场	中、高收入家庭	中、高收入家庭	中等收入消费者
运营	GO 活跃氛围、一价全包式服务	船票酒店+娱乐，消费一价全包	一般度假村	一价全包式，一般度假村	一般度假村
规模	全球第一大连锁度假饭店，在 25 个国家拥有 66 家度假村	全球最大的游轮运营公司，拥有 100 艘游轮	西班牙第一大酒店运营商，在全球 35 个国家拥有 350 家酒店	14 家度假村	3 个品牌，3 家度假村、1 家别墅
区域	欧洲、亚洲、美洲	全球	西班牙地区	加勒比地区	牙买加、巴哈马

2. 竞争格局

全球度假村连锁企业较少，多为单体度假村。从规模来看，Club Med 是全球第一大度假村连锁企业，在全球 25 个国家拥有 66 家度假村（见图 7-3），比第二名 Sandals Hotels 多出 4 倍。在运营管理上，Club Med 开创了"一价全包"的产品模式，同时拥有独特的 GO 模式，让来到 Club Med 的顾客在任何时刻都不会感到无聊。

表7-3 全球度假连锁企业定位、模式、规模统计表

企业名称	成立时间	总部	定位	商业模式	规模	市值
Club Med	1950年	法国	沙滩、滑雪度假村，人均1000~2000元/天	一价全包，GO带动气氛	在全球25个国家拥有66个度假村	8.31亿欧元
Super Clubs	—	牙买加	沙滩度假村，人均800元/天	一价全包，婚礼免费	在牙买加拥有Room品牌度假村2家，沙滩别墅1家。在巴哈马拥有一家一价全包式度假村	未上市
Carnival Corporation	1972年	美国佛罗里达	邮轮，人均1000~2000元/天	一价全包	旗下拥有11个游轮品牌100艘船	293亿美元
Sol Meliá	1956年	西班牙	都市酒店及度假村，度假村人均1000~2000元/天	非一价全包	酒店连锁集团，拥有7个酒店及度假村品牌，在35个国家拥有350家酒店	16.8亿欧元
Sandals Hotels	1981年	牙买加蒙特哥湾	沙滩度假村，人均1500元/天	一价全包、婚礼免费	在加勒比地区拥有15家度假村	未上市

责任编辑：张萍

图书在版编目(CIP)数据

中国饭店产业发展报告．2013~2014：品牌创设与业态拓展／中国旅游研究院著．--北京：旅游教育出版社，2014.8

ISBN 978-7-5637-3008-7

Ⅰ．①中… Ⅱ．①中… Ⅲ．①饭店业—经济发展—研究报告—中国—2013~2014 Ⅳ．①F719.2

中国版本图书馆 CIP 数据核字(2014)第 188821 号

中国饭店产业发展报告(2013—2014)
——品牌创设与业态拓展
中国旅游研究院 著

出版单位	旅游教育出版社
地　　址	北京市朝阳区定福庄南里1号
邮　　编	100024
发行电话	(010)65778403 65728372 65767462(传真)
本社网址	www.tepcb.com
E-mail	tepfx@163.com
印刷单位	北京中科印刷有限公司
经销单位	新华书店
开　　本	787毫米×1092毫米　1/16
印　　张	9.5
字　　数	136千字
版　　次	2014年12月第1版
印　　次	2014年12月第1次印刷
定　　价	58.00元

(图书如有装订差错请与发行部联系)